KB120632

**지금이
생의 마지막이라면**

지금이 생의 마지막이라면

NHK "100-PUN DE MEICHO" BOOKS MARCUS AURELIUS JISEIROKU TASYA TONO
KYOUSEI WA IKANI KANOU KA
©2023 Kishimi Ichiro, NHK
Korean translation rights arranged with NHK Publishing, Inc.
through Japan UNI Agency, Inc., Tokyo and Lee&Lee Foreign Rights Agency, Gyeonggi-do

ISBN 978-89-314-6963-9

독자님의 의견을 받습니다.
이 책을 구입한 독자님은 영진닷컴의 가장 중요한 비평가이자 조언가입니다. 저희 책의 장점과 문제점이 무엇인지, 어떤 책이 출판되기를 바라는지, 책을 더욱 알차게 꾸밀 수 있는 아이디어가 있으면 팩스나 이메일, 또는 우편으로 연락주시기 바랍니다. 의견을 주실 때에는 책 제목 및 독자님의 성함과 연락처(전화번호나 이메일)를 꼭 남겨주시기 바랍니다. 독자님의 의견에 대해 바로 답변을 드리고, 또 독자님의 의견을 다음 책에 충분히 반영하도록 늘 노력하겠습니다.

주 소 : (우)08507 서울특별시 금천구 가산디지털1로 128 STX-V 타워 4층 401호
이메일 : support@youngjin.com
※ 파본이나 잘못된 도서는 구입처에서 교환 및 환불해 드립니다.

STAFF
저자 기시미 이치로 | **번역** 전경아 | **총괄** 강상희 | **진행** 한지수 | **디자인·편집** 김효정
영업 박준용, 임용수, 김도현, 이윤철 | **마케팅** 이승희, 김근주, 조민영, 김민지, 김도연, 김진희, 이현아
제작 황장협 | **인쇄** 제이엠

지금이
생의 마지막이라면

기시미 이치로 저

전경아 역

YoungJin.com Y.
영진닷컴

삶이 힘든 지금, 읽어야 하는 지침서

인생의 기로에 섰을 때, 인간관계로 고민하고 살기 힘들다고 느낄 때 여러분은 어떤 책을 손에 드나요? 저는 그럴 때 꼭 읽었으면 하는 책으로 《명상록》을 꼽습니다.

이 책이 쓰인 시기는 지금으로부터 2천여 년 전, 글쓴이는 제16대 로마 황제 마르쿠스 아우렐리우스 안토니누스(이하, '아우렐리우스'로 표기)입니다. 그는 절정기의 로마제국을 통치했던 명군의 하나로 약 200년간 계속된 번영과 평화에 서서히 그림자가 드리우던 어려운 시기에 지도자 자리에 오른 현제였습니다.

명문가에서 태어난 아우렐리우스는 그 자질과 식견을 인정받아 열여덟이란 어린 나이에 장래의 황제로 지명받았습니다. 파격적 발탁에 부응하듯 공무에 헌신하여 서른아홉에 황제의 자리에 오르자 직접 군사를 이끌고 전선으로 향합니다. 전투에 몰두하는 동안 야영 천막 안에서 촛불에 의지하면서, 어떤 때는 궁전에 머무르면서 써 내려간 것이 《명상록》입니다.

이 책은 전황과 정국의 어려움을 토로한 일기도 아니고, 자신의 무용과 제왕학을 논한 글도 아닙니다. 황제가 쓴 글이라고 하니 높으신 나리가 높은 곳에서 훈계하는 글인가 싶어 꺼리는 사람도 있겠지만, 그런 책이 아닙니다. 앞뒤 맥락도 없이 자신의 생각을 토해내듯, 오직 자신의 내면을 들여다보고 성찰하고 자기를 다스리는 말을 적어놓은 수기이자 개인적 노트입니다.

아우렐리우스는 황제의 지위도 궁정에서의 화려한 삶도 바라지 않았습니다. 그는 소년 시절부터 철학에 깊이 빠져있었습니다. 황위에 오르며 학문으로서 철학을 탐구하는 길은 막혔지만 바쁜 공무 시간을 쪼개 성찰하면서 철학이 제시하는 길을 실천하려고 스스로를 채찍질했습니다.

열두 권으로 구성된 《명상록》은 그렇게 틈틈이 사색하고 자기 훈계식 말을 써 내려간 비망록입니다. 누군가에게 읽히는 것을 전제로 쓴 글이 아닙니다. 그래서 그는 로마인이었음에도 불구하고 이 책을 쓸 때는 모어인 라틴어가 아닌 그리스어로 썼습니다.

주제도 중구난방이고 쓰다만 글이나 책에서 인용한 문장, 논리적 비약이 있는 글도 있습니다. 그럼에도 지금까지 이어 내려올 수 있었던 이유는 그 참된 말이 많은 사람들의 마음을 울렸기 때문일 것입니다.

그의 말이 우리의 마음을 울린 이유는 그 말 속에 자신의 모습이 그대로 겹쳐 보였기 때문이 아닐까 생각해 봅니다.

• ◆ •

머지않아 너는 곧 죽을 것이다. 그런데도 마음은 겉과 속이 달라서 평정을 유지하지 못한다. 밖에서 누가 해치지 않을까 의심을 거두지 못하고 모든 사람을 친절하게 대하지도 못한다. 사려 깊은 행동이 옳다는 생각도 하지 못한다(4. 37).

• ◆ •

네가 이런 꼴을 당하는 것도 당연하다. 오늘 선해지기보다도 내일 선해지려고 하기 때문이다(8. 22).

• ◆ •

'이런 꼴을 당한다'는 것이 무엇을 말하는지 모르겠지만, 언제 몇 시에 인생이 끝날지 모르는데 앞으로도 영원히 살 것처럼 좋아지려는 결단을 미루는 사람에게는 귀가 따갑게 들릴 것입니다.

그는 자신이 훌륭한 인간이라고 생각하지 않았습니다. 자신이 불완전한 존재임을 자각하고 갈팡질팡 나약한 내면을 솔직하게 드러냈습니다. 그러면서도 자신을 엄하게 꾸짖으며 인간으로서 어떻게 살아야 하는지 그 지침과 이상을 제시해 줍니다. 나아가 그러한 이상을 불완전하나마 구현하고 선한 사람이 되기 위해 번민하고 몸부림치는 과정까지 아우렐리우스는 몸소 우리에게 보여줍니다.

제가 《명상록》을 처음 읽은 것은 학생 시절, 정신과의사 가미야 미에코가 일과 집안일을 하는 틈틈이 《명상록》을 번역했다는 사실을 알고 놀라는 동시에 호기심이 생겨 보게 되었습니다.

이번에, 《명상록》에 관해 이야기하기로 결정했을 때[편집자 주: '일러두기' 참조], 서재에서 가미야 에미코가 번역한 《명상록》을 책장에서 찾아보았습니다. 오랜만에 펼쳐 든 책에는 이런 글이 쓰여있었습니다.

· ✦ ·

너 자신에게 해내기 어려운 일이 있다고 해서 그것이 다른 사람에게도 해낼 수 없는 일이라고 생각해서는 안 된다. 그보다 다른 사람이 해내기에 딱 맞는 일이라면 너도 해낼 수 있다고 생각하라(6. 19).

· ✦ ·

대학원에 들어간 해, 어머니가 돌연 뇌경색으로 쓰러져 입원했습니다. 그래서 저는 대학에 가는 대신 병원에 머물며 어머니를 간호하기로 했습니다. 장시간 병원에 있어야 한다는 체력적 문제를 제외하면 시간이 맞아 어머니를 간호할 수 있어 다행이라고 여겼습니다. 취직을 했더라면 도저히 병원에서 지낼 수 없었을 테니까요. 저는 강의와 실습에 출석할 수가 없어서 연구실 동료에게 뒤처지지 않으려고 병실에 그리스어 책을 갖다 놓고 공부하기로 했습니다. 그때 읽은 책이 《명상록》입니다. 가미야가 번역한 《명상록》에 메모를 써놓은 이유는 그 부분이 특별히 마음에 와닿았기 때문이겠지요.

의사는 어머니가 이제 회복할 가망이 없다고 말했습니다.

아우렐리우스의 정신적 뿌리였던 스토아철학을 가리켜 '인내하고 순응하는 철학'이라고 하나, 그렇다고 해서 결코 체념을 권하는 학문은 아닙니다. 부모의 죽음을 피할 수 없지만 그것을 어떻게 받아들이느냐는 스스로 선택할 수 있습니다.

"부모는 언젠가 네 곁을 떠난다. 그것은 물론 견디기 힘든 일이나 누구나 극복했고 너 또한 극복할 수 있다."

《명상록》을 펼친 나에게 아우렐리우스가 마치 이렇게 말해 주는 것 같았습니다.

저는 의식을 잃고 침대에 누워있는 어머니를 보고 인간은 이런 상태에서도 살 가치가 있는지, 죽음에 대해 수시로 언급하는 《명상록》을 읽으며 생각했습니다. 어머니는 그 후 얼마 되지 않아 세상을 떠났습니다.

저는 병원에서 매일 노트에 짧은 글을 남겼습니다. 어머니의 병세와 받은 치료 등을 써놓은 기록으로, 저만의 《명상록》과 같은 것이었습니다.

· ✦ ·

모든 것이 덧없다. 기억을 하는 것도 기억의 대상이 되는 것도(4. 35).

· ✦ ·

너는 머지않아 모든 걸 잊으리라. 그리고 너에 관한 모든 것도 머지않아 잊혀질 것이다(7. 21).

· ✦ ·

다행히도 아우렐리우스의 이 예언은 빗나갔습니다. 잊혀지기는커녕, 그의 이름과 말은 시공간을 뛰어넘어 수많은 사람의 기억에 아로새겨지며 끊임없이 그 마음을 비추고 있습니다. 보편적 진리가 '살아있는 말'로 쓰여있고, 특히 시대와 국가·지역 차를 넘어 누구나 공감하며 읽을 수 있으며, 어느 시대든 그 시대의 '지금'에 통용되는 내용이기 때문이겠지요.

행간에서 고뇌가 배어나면서도 앞으로 나아가려는 자세가 느껴지는 이 말들은 힘든 세상을 살아가는 힌트가 되어줍니다. 일에 쫓겨 행복을 느끼지 못하는 사람의 눈에는 철학을 사랑하면서도 정무에 쫓겨 이상과 현실 사이에서 갈등하는 아우렐리우스의 모습이 자신과 겹쳐 보일 것이고, 모략과 배신으로 괴로워하던 그의 말은 경쟁사회 속에서 불신과 고독에 시달리는 사람에게 위로가 되어줄 것입니다. 《명상록》에서 그는 대립하지 말고 서로 돕고 살자고 끊임없이 호소합니다. 배타주의가 팽배한 지금 경종을 울린다는 의미에서도 꼭 읽어봐야 하는 책이라고 생각합니다.

'너는' 하고 아우렐리우스가 자신에게 했던 말이 독자인 '우리'에게 하는 말처럼 들리기도 합니다. 마음에 남는 짧은 글도 있고 당장은 의미를 이해하기 어려운 글도 있으나 그 진의를 파악해가면서 행복이란 무엇인지, 타자와 공생하는 지혜는 무엇이고 어려움에 맞서는 방법은 무엇인지 함께 생각해 봅시다.

대서양

북해

게르마니아

칼레도니아

히버니아

브리타니아

라인강

하게르마니아

루그두넨시스

벨기카

상게르마니아

도나우강

빈도보나

라이티아

갈리아

노리쿰

상판노니아

아퀴타니아

알페스

아퀼레이아

하판노니아

나르보넨시스

이탈리아

달마티아

루시타니아

타라코넨시스

로마

코르시카

이탈리아

바이티카

지

사르데냐

중

마우레타니아·팅기타나

마우레타니아·카이사리엔시스

시칠리아
(시칠리아)

누미디아

아프리카·프로콘술라리스

N

미나미카와 다카시(南川高志, 일본의 역사학자)의 《로마 오현제 - '빛나는 세기'의 허상과 실상(ローマ五賢帝 - '輝ける世紀'の虚像と実像)》에
실린 지도를 바탕으로 작성.

로마제국의 최대 영토

하드리아누스 황제가 즉위(서력 117년)하기 직전 로마제국은 지중해 연안 지역을 비롯하여, 현재의 영국에서 이라크에 이르기까지 광대한 영지를 자랑했다. 하지만 아우렐리우스가 제국을 다스릴 때부터 이민족의 침입이 잦아지자 직접 전장으로 달려가 전투를 지휘한다. 전란의 시대를 살다간 아우렐리우스는 공무를 보는 틈틈이 《명상록》을 집필했다.

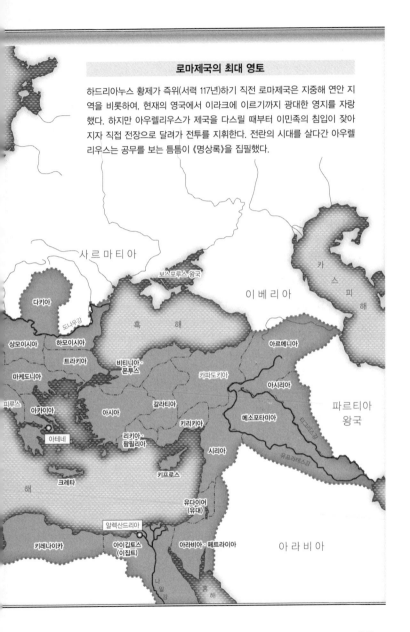

··· 차례 ···

특별장

삶을 마감하기 직전, 죽음과 마주한다

일러두기

◆ 이 책은 〈NHK 100분 de 명저〉에서 2019년 4월에 방송된 〈자성록〉의 텍스트를 바탕으로 수정한 뒤에 특별장 '삶을 마감하기 직전, 죽음과 마주한다' '독서 안내' 등을 새로 실었습니다.

◆ 이 책에 나오는 《명상록》의 인용문은 저자(기시미 이치로)가 직접 번역한 것입니다. 현재, 간행된 일본어 번역서로는 가미야 미에코 번역판(이와나미문고), 스즈키 데루오 번역판(고단샤학술문고), 미즈라 무네아키 번역판(교토대학학술출판회 서양고전총서)이 있습니다.

◆ 번역된 인용문 끄트머리에 있는 숫자 '(ㅁ. ㅇ)'는 《명상록》 안의 'ㅁ권 ㅇ장'을 표시합니다.

1 장

자신의
'내면'을 보라

Marcus Aurelius

운명에 이끌려 황제로

《명상록》은 철학서입니다. 철학이란 말만 들어도 겁을 먹는 사람이 있는데, 철학^Philosophia(φιλόσοφοα)은, 본래 학문이 아니라 '지(知)를 사랑한다'는 뜻입니다. 누구나 행복을 추구한다 ── 이것이 그리스, 로마를 이루는 기본 전제이자 철학의 출발점입니다. 행복이란 무엇인가, 행복하기 위해서는 어떻게 해야 하는가. 이것을 고민하며 인생을 어떻게 살아야 하는가를 알고자 하는 것이 바로 철학이라고 할 수 있지요. 물론 이러한 질문에 답을 찾는 것이 쉽지는 않지만 진지한 삶을 살려고 한다면 묻지 않을 수 없습니다.

· ◆ ·

우리를 지킬 수 있는 것은 무엇인가. 그것은 오직 철학뿐이다
(2. 17).

· ◆ ·

이 뒤에도 아우렐리우스의 말을 인용하겠지만, 황제로서 늘 바쁜 나날을 보내던 그를 지켜준 것이 철학이었습니다. 《명상록》은 시종일관 사변만 늘어놓은 게 아니라, 배운 것을 실천하기 위해 그가 직접 실천과 사색의 족적을 기록해 놓은 사색 노트입니다. 거기에 담긴 삶의 지혜가 이천여 년의 시공을 뛰어넘어 쭉 이어져 내려온 것입니다.

아우렐리우스가 남긴 이 《명상록》에는 대체 무엇이 쓰여있을까요. 그 말의 숲으로 들어가기 전, 그가 어떤 인생을 살았고 어떤 상황에서 《명상록》을 썼는지 살펴봅시다.

마르쿠스 아우렐리우스는 121년, 로마의 명문가에서 태어났습니다. 로마제국◆1은 현제들의 치세가 이어지며 평화와 번영을 구가◆2하던 시절이었습니다. 어린 시절 이름은 '마르쿠스 안니우스 베루스'였으나, 후에 황제의 양자가 되고 아우렐리우스로 개명했습니다. 부유한 집안에서 자라 교양이 풍부했던 어머니에게 경건과 자애로움, 아낌없이 베푸는 마음, 소박하고 절제하는 생활방식, 나쁜 짓은 물론이고 나쁜 생각도 해서는 안 된다는 마음가짐을 배웠다고 회상합니다(1. 3).

법무관♦3으로 일했던 아버지 마르쿠스 안니우스 베루스는 아우렐리우스가 세 살 때 세상을 떠났습니다. 어렴풋이 남은 기억과 주변에서 전해 들은 이야기를 통해 그는 아버지로부터 '겸허함과 용맹함(1. 2)'을 배웠다고 기록했습니다.

아버지와 사별한 아우렐리우스는 당시의 관례에 따라 할아버지 안니우스 베루스의 양자로 들어갔습니다. 할아버지는 당시 황제였던 하드리아누스♦4의 측근이었습니다. 황제는 어린 아우렐리우스를 귀여워하여♦5 이때부터 장래의 황제로 점찍었던 것 같습니다.

전 원로원♦6의원이자 교육열이 강했던 증조부 루키우스 카틸리우스 세베루스♦7는 일곱 살이 된 아우렐리우스를 일반 학교에 보내지 않고 일류 학자들을 가정교사♦8로 불러 집에서 공부시켰습니다. 그리스어, 라틴어, 음악, 수학, 법률, 수사학. 그중에서도 아우렐리우스를 가장 사로잡은 것은 철학이었습니다. 존경해마지않는 선대 철학자들을 따라 그리스풍의 수수한 옷♦9을 입고 밤에는 맨바닥에 누워 잠들었는데 그의 건강을 염려한 어머니의 간청으로 마지못해 그만두었다는 일화가 남아있습니다.

아우렐리우스의 인생은 성인식을 맞이한 열네 살 때 크게 움직이기 시작했습니다. 차기 황제로 지명된 루키우스 케이오니우스 코모두스의 딸 케이오니아와 약혼한 것입니다. 루키우스가 갑작스레 세상을 떠나자 이번에는 새로 후계자로 지명된 안토니누스 피우스◆10의 양자로 들어갑니다. 하드리아누스가 죽자 제위에 오른 안토니누스 피우스는 아우렐리우스와 케이오니아의 약혼을 깨트립니다. 그리고 아우렐리우스를 자신의 딸인 파우스티나와 약혼시키고 차기 황제로 지명◆11합니다. 이때, 아우렐리우스의 나이 겨우 열여덟 살이었습니다. 그는 기뻐하기는커녕, 두려움을 느꼈다고 전해집니다. 철학자로 사는 길이 막혔을 뿐 아니라, 궁정 내의 악행과 방탕함을 보고 들으며 자기 앞에 놓인 길 끝에 어떤 나날이 기다리고 있을지 쉽게 상상할 수 있었기 때문이었지요.

피우스 황제가 죽자, 아우렐리우스는 서른아홉의 나이에 황제의 자리에 오릅니다. 즉위할 때 같은 피우스의 양자이자 아홉 살 어린 루키우스 베루스◆12가 공동 황제◆13로 임명됩니다. 이때, 아우렐리우스가 철학자로 살기를 원했다면 루키우스에게 황제의 자리를 양보했겠지만 그렇게 하지 않았습니다. 하드리아누스와 피우스, 두 현제의 뜻을 차마 저버릴 수가 없었고, 존경하던 철학자들도 '운명을 감수하라'고 그를 설득했기 때문입니다. 이에 관해서는 3장에서 자세히 설명하겠지만 그가 황제 자리를 진심으로 원한 것은 아니었을 것이라고 생각합니다.

이후 그의 고뇌는 더욱 깊어집니다. 루키우스와 공동 통치를 시작하자 기다렸다는 듯이 연이은 자연재해가 일어났고 변방에서는 외적이 침입◆14했습니다. 두 사람은 군사를 이끌고 원정에 나서지만, 루키우스가 잠시 로마로 귀환하는 도중 갑작스레 사망◆15합니다. 《명상록》은 마침 아우렐리우스가 혼자 제국을 통치하게 된 시점부터 쓰였다고 합니다.

사생활에서도 슬픈 일이 잇따랐습니다. 아우렐리우스는 열네 명의 자식을 낳았는데, 대부분 요절하고 딸 다섯 명과 아들한 명만 어른이 될 때까지 살아남았습니다. 아우렐리우스가 다음과 같은 글을 쓴 이유는 스스로를 다잡기 위함이었습니다.

· ◆ ·

"아이를 잃지 않게 해달라"고 말하는 사람이 있다. 허나 너는 이렇게 말해야 한다. "잃는 것을 두려워하지 마라."(9. 40)

· ◆ ·

병사들에게 '진영의 어머니'로 추앙받던 아내이자 황후 파우스티나(안토니누스 피우스 황제의 딸)도 전장에 동행했다가 갑작스레 사망합니다. 아우렐리우스가 열다섯에 공동 황제로 임명한 아들 코모두스◆16도 훗날 폭정을 펼치다 암살을 당합니다. 이 때문에 인재를 등용해 후계를 잇던 관례를 깨고 무능한 아들에게 황위를 물려준 것을 현제 아우렐리우스의 유일한 실책이라고 지적하는 역사가도 있습니다. 하지만 그가 무슨 생각으로 아들에게 황제의 자리를 물려주었는지 《명상록》에는 나와있지 않습니다.

코모두스와 공동통치를 시작하고 2년, 전선에서 겨울을 나던 아우렐리우스는 병으로 쓰러져 쉰여덟의 나이에 세상을 떠납니다.

행복이란 무엇인가.

행복하기 위해서는 어떻게 해야 하는가.

이것을 고민하며 인생을 어떻게 살아야 하는가를

알고자 하는 것이 바로 철학입니다.

#오늘의행복 #아침커피한잔 #힘이되는것 #친구의위로 #듣고싶은말

기적적으로 남은 《명상록》

안토니누스 피우스의 양자로 들어가 열여덟 살에 차기 황제로 지명된 뒤로, 아우렐리우스의 인생은 뜻대로 흘러가지 않았습니다. 서른아홉 살에 즉위한 이후 약 20년 동안 밤낮으로 전쟁을 치르며 보내야 했습니다. 의형제 루키우스, 친아들 코모두스, 두 공동 황제는 모두 현제의 자질을 갖추지 못했습니다. 아우렐리우스는 미덕과 지혜로 나라를 다스렸다는 평가를 받았으나 그가 통치했던 로마제국은 이미 과거의 빛을 잃었습니다. 그 고난과 고독 속에서 남은 반생 동안 써 내려간 것이 《명상록》입니다. 총 열두 권으로 나뉘어져 있는 이 책은 주제별로 정리되어 있지 않고 각 권별로 길고 짧은 자기 성찰의 말이 단편적으로 실려있습니다. 1권과 2권 말미에 기록된 지명◆17을 보면 원정지에서도 썼다는 것을 알 수 있는데, 날짜가 없어서 쓰여있는 내용과 그의 신변에 일어난 사건이 관련 있는지는 알 수가 없습니다.

앞서 말한 대로, 이 책은 그가 자기 자신을 위해 써둔 개인적 노트, 비망록 같은 것입니다. 아우렐리우스는 공개할 의도가 없었으니 아마 책 제목도 후세에 붙여졌겠지요. 일본에서는 《자성록》이란 이름으로 굳어졌는데, 그리스어 원제는 《타 에이스 헤아우톤(Tὰ εἰς ἑαυτόν, Ta eis heauton)》입니다. '타(τὰ)'는 정관사로 영어 'the'에 해당되며 '에이스(εἰς)'는 '~ 중에' '~를 위해', '헤아우톤(ἑαυτόν)'은 '자기 자신'이라는 의미라서, 자기 자신에게 혹은 '자기 자신을 위한 비망록'이란 의미가 됩니다. 단, 그게 이 책의 제목이었는지는 알 수 없습니다.

이 책은 제목만 아니라 내용도 그리스어로 쓰여있습니다. 라틴어를 모국어로 하는 로마인 아우렐리우스가 그리스어로 쓴 이유는 그의 정신적 뿌리였던 스토아철학◆[18]의 용어가 그리스어로 쓰였기 때문입니다. 그래서 그리스어를 라틴어로 번역하지 않고 그대로 쓰는 게 더 편했을 겁니다. 자신이 보려고 끼적인 메모이기에 다른 사람이 보지 않았으면 하는 마음도 있었는지 모릅니다. 이유가 어쨌든 간에 자신들은 읽지 못하는 말로 뭔가를 쓰는 황제의 모습은 주변 사람을 불안하게 하지 않았을까 상상해봅니다.

아우렐리우스가 쓴 노트를 현대의 우리가 읽을 수 있다는 것은 기적이라고 할 수 있겠지요. 당연히 아우렐리우스가 쓴 원본은 남아있지 않지만 이 책의 사본은 남아있었습니다. 물론 사람이 옮겨 적은 것이라 오류도 있습니다. 또 이 책에만 해당되는 건 아니지만 양피지◆19와 파피루스◆20에 쓰인 사본은 무르고 약해서 물리적으로 그대로 남아있기가 몹시 어려웠습니다. 다행히 어찌어찌 남았다 해도 보존 상태가 나빠서 해독하기가 어렵고 화염이나 약탈을 당할 위험이 있어 지금까지 전해 내려온 것이 기적이라고 할 수 있습니다. 게다가 이 책에는 개인사가 거의 쓰여있지 않습니다. 자세히 읽어보면 자신을 지칭하며 말하는 부분은 많아도 개인적인 내용이 거의 없고 황제가 쓴 글인데도 정치적 성격이 드러나지 않아 불에 타 재가 되는 신세를 면했습니다. 무엇보다 이 책이 후세까지 오래 남을 수 있던 것은 이 책을 읽은 사람이 후세에 전할 가치와 보편성이 있다는 것을 간파했기 때문입니다.

그리스어와 라틴어 대역으로 처음 활자가 된 것은 16세기 중반◆²¹이었습니다. 간행되자마자 반향을 일으키며 유럽 각국에 번역, 출판하려는 움직임이 확산됐습니다. 그리스어 원전이 번역◆²²된 것은 20세기, 그것도 전후의 일입니다.

마르쿠스 아우렐리우스의 간략 연보

AD

121 ● 4월 26일, 마르쿠스 안니우스 베루스 출생.
(훗날, 마르쿠스 아우렐리우스. 이후, 아우렐리우스로 통일)

136 ● 황제 하드리아누스, 루키우스 베루스의 아버지 루키우스 케이오니우스 코모두스를 후계
자로 지명. 아우렐리우스, 루키우스 케이오니우스 코모두스의 딸 케이오니아와 약혼(후에
파혼).

138 ● 하드리아누스, 안토니누스 피우스를 후계자로 지명. 아우렐리우스와 루키우스가 그의 양
자로 들어가고 같은 해, 하드리아누스가 죽고 안토니누스 피우스가 황제로 즉위한다. 안
토니누스의 딸 파우스티나와 약혼.

139 ● 하드리아누스 영묘(현재 산탄젤로 성) 완성. 아우렐리우스, '카이사르'란 칭호를 받고 황
제의 후계자가 됨.

140 ● 아우렐리우스, 첫 집정관에 취임.

145 ● 아우렐리우스, 파우스티나와 결혼.

161 ● 안토니누스 피우스 사망. 아우렐리우스와 루키우스 베루스와 공동 황제로 즉위. 같은 해,
로마는 악천후로 인해 기아와 테베레강 범람 등 자연재해가 잇따름.

162 ● 루키우스, 동방으로 출발.

163 ● 아우렐리우스, 루키우스와 딸 루킬라를 약혼시킴.

166 ● 파르티아 전쟁에서 로마가 승리. 로마에서 아우렐리우스, 루키우스의 개선식이 열림.

167 ● 아우렐리우스, 로마를 출발하여 도나우강 유역에 있는 전선으로 향함. 겨울철 숙영지는
아퀼레이아.

169 ● 루키우스가 아퀼레이아에서 로마로 귀환하는 도중에 병사. 아우렐리우스, 다시 도나우강
유역에 있는 전선으로 향함.

175 ● 아우렐리우스가 죽었다는 오보가 흘러나오자 시리아 총독 아비디우스 카시우스가 스스
로 황제라 선언하지만 부하에게 암살당함. 같은 해, 아우렐리우스가 아들 코모두스를 후
계자로 지명. 아우렐리우스, 코모두스, 파우스티나와 동방으로 향함. 파우스티나 병사.

177 ● 아우렐리우스, 코모두스를 공동 황제로 임명.

178 ● 아우렐리우스, 코모두스와 다시 도나우강 유역의 전선으로 향함.

180 ● 아우렐리우스, 겨울철 숙영지인 빈도보나(현재의 빈)에서 사망. 오현제 시대가 막을 내림.
코모두스가 단독 황제로 즉위.

《명상록》이 후세까지 오래 남을 수 있던 것은
이 책을 읽은 사람이 후세에 전할 가치와 보편성이
있다는 것을 간파했기 때문입니다.

《명상록》을 보면 떠오르는 아우렐리우스상

아우렐리우스는 플라톤◆23이 이상으로 여긴 철인정치◆24를 구현한 현제로 일컬어집니다. 아우렐리우스 본인도 '철학자가 통치하거나, 통치자가 철학을 하는 국가는 번영을 누린다'는 말을 했다고 전하는 역사서도 있습니다(《로마 황제 열전(Historia augusta)》에 수록된 율리우스 카피톨리누스의 《철학자 마르쿠스 안토니누스의 생애》).

저서에 플라톤의 대화편◆25을 수차례 인용했던 아우렐리우스가 플라톤의 국가편을 몰랐을 리가 없습니다. 플라톤은 정치에 실망해서 철학으로 눈을 돌린 게 아닙니다. 외려 어떻게 하면 정치와 철학을 일체화할 수 있을지를 고민했습니다. 그리고 국가의 정의도 개인의 정의도 진정 철학으로만 간파할 수 있다고 보고,

정치 권력과 철학 정신이 일체화되지 않으면 국가에도 인류에도 불행이 그치지 않을 거라며 철인왕 사상을 탄생시켰습니다.

· + ·

플라톤의 국가를 바라지 마라. 조금이라도 전진했으면 그걸로 만족하라. 그리고 그 성과를 하찮은 것으로 여기지 마라 (9. 29).

· + ·

철인정치를 먼 목표로 삼고 '성과를 서두르지 마'라고 자신을 타이르는 건지, 이루기에는 무리라 여기고 '발밑을 살피는 데 전심하라'라고 설득하는 건지, 이 한 문장만 보고는 알 수가 없습니다. 다만 그에게 '철인'이 되기를 바라는 마음은 있었어도 '정치가'가 되기를 바라는 마음은 없었을 것입니다. 황제로서 궁정에서 사는 것을 얼마나 우려했는지 다음 문장을 보면 알 수 있습니다.

· + ·

이른 아침에 너 자신에게 말하라. 나는 오늘도 주제넘게 참견하고 다니는 사람, 배은망덕하고 오만한 사람, 남을 잘 속이고 질투가 많은 사람, 사교성이 없는 무례한 사람과 만날 것이라고(2. 1).

· + ·

그들은 서로 경멸하면서도 서로에게 잘 보이려고 아첨한다.
그리고 상대보다 우월해지려 애쓰면서도 서로에게 양보하는
모습을 보인다(11. 14).

·◆·

그런 사람들 사이에서 추켜올려져 자기 자신을 잃어서는 안
된다고 스스로를 거듭 타이릅니다.

·◆·

황제처럼 굴지 말고 황제의 자리에 물들지 않게 주의하라. 실
제로 그렇게 될 수 있기 때문이다(6. 30).

·◆·

황제의 자리에 올라도 황제처럼 굴어서는 안 된다. 보랏빛
어의에 물들고 아첨에 눈이 멀어 자신과 지위를 동일시해서는
안 된다. 그렇게 충고하는 이유는 인간이 쉽게 — 자신도 포함하
여 — 착각한다는 것을 알고 있었기 때문이겠지요. 승진해서 지
위가 생기면, 자신이 마치 대단한 사람이라도 된 양 갑자기 고압
적으로 구는 사람이 있는가 하면, 반대로 지위를 잃으면 어깨를
축 늘어트리고 다니는 사람도 있습니다.

아우렐리우스의 이 말은 지위, 직책이 인간의 가치를 말해

주지 않는다는 것을 우리에게 단적으로 가르쳐 줍니다.

그는 궁정에서 보내는 날들이 즐겁지 않았습니다. 그곳에서 도망치고 싶은 심정을 토로하듯, 곳곳에 이런 말이 나옵니다.

· ✦ ·

사람이 살 수 있는 곳이라면 어디서나 선하게 살 수 있다. 궁정에서도 사람이 살 수 있다. 따라서 궁정에서도 선하게 살 수 있다(5. 16).

· ✦ ·

'선하게 산다'는 플라톤의 《크리톤》✦26에 나오는 말입니다. 소크라테스는 "그냥 사는 것이 아니라 선하게 사는 것이 중요하다"라고 말했습니다. '선하게 산다'는 행복하게 산다는 말입니다. 나중에 조금 더 자세히 살펴보겠지만 그리스어로 '선하게'를 명사화한 '선(善)'에는 도덕적인 의미보다 자신에게 득이 된다는 의미가 들어있습니다.

스스로 손해를 보거나 불행해지기를 바라는 사람은 없습니다. 그렇다고 무엇을 해야 행복해질 수 있을지도 확실하지가 않습니다. 그렇다면 어떻게 해야 할까요. 그에 대해 아우렐리우스가 끊임없이 사유한 흔적이 보입니다.

네가 지금 처해있는 상황만큼 철학을 하기에 적합한 생활이
없다는 것이 분명히 납득되지 않는가(11. 7).

이것도 자신에게 들려주는 말처럼 보입니다. 궁정 생활이
철학하기에 적합하다고 생각하지 않았겠지만 바로 뒤에 보듯이
스토아철학은 실천철학으로 현실 생활에서 동떨어져 사변하는
철학이 아니라 현실 생활 안에서 사유해야 하는 철학입니다. 아
우렐리우스는 그렇게 생각했을 것입니다.

그렇다면 너는 너 스스로 순수하고, 선량하고, 때 묻지 않고,
위엄 있고, 겉치레가 없으며 정의로운 친구이자, 경건하고,
친절하고, 다정하고 의무를 열심히 다하는 사람이 되어라. 철
학이 너를 만들고자 하는 사람이 되기 위해 변함없이 힘써라.
신들을 공경하라. 인간을 구원하라. 인생은 짧다(6. 30).

이 글에 관해서는 4장에서도 다른 각도에서 살펴보겠지만,
여기서 짚고 넘어가고 싶은 것은 그가 '인간으로서 어떤 사람이

되고 싶은지'에 대한 질문에 '철학으로 완성되는 사람'이라고 답을 했다는 것입니다.

철학자로서 삶과 궁정에서의 생활이라는, 양립할 수 없는 두 삶을 그가 어떻게 소화해 내고 균형을 잡으려고 했는지 알 수 있는 문장이 있습니다.

· ◆ ·

만약 네게 계모와 생모가 같이 있다면 계모를 모시면서도 끊임없이 생모 곁으로 돌아가려 할 것이다. 그것이 지금 네게는 궁정과 철학이다. 철학으로 종종 돌아가서 거기에 몸을 맡기고 쉬어라. 그러면 너는 궁정에서의 일도 감내할 수 있다 느낄 것이고 너도 궁정 생활을 견딜 수 있는 사람으로(다른 사람에게) 보일 것이다(6. 12).

· ◆ ·

철학자로서 살고 싶은 바람과 황제로 살아야 하는 현실 사이에 살았던 아우렐리우스의 말은, 날마다 일에 치이면서도 '내가 진짜 하고 싶은 일은 이게 아니야'라고 생각하는 현대인들의 마음에 큰 울림을 줄 것이라고 생각합니다. 힘든 일, 원치 않은 일을 해도 마음속에 기댈 곳이 있으면 그곳은 누구의 방해도 받지 않는 안식처가 됩니다. 그리고 거기에서 마음의 평정을 되찾을 수 있다면, 힘들게만 보이는 하루하루를 살아도 그 인생을 다른 눈으로 볼 수 있겠지요. 아우렐리우스는 황제로서 살아야 했지만 우리는 그와 다른 결단을 내릴 수 있습니다. 자신의 인생을 되찾고 뜻한 바대로 살지 않으면 인생은 눈 깜짝할 새 지나가 버립니다.

· ✦ ·

육신은 전부 강물처럼 흘러가 버리고 영혼은 꿈이자 망상이다. 인생은 전쟁이며 손님으로 잠시 머물다 간다. 후세에 남는 거라곤 망각뿐이다(2. 17).

그런 인생에서,

우리를 지켜줄 수 있는 건 무엇인가. 오직 철학뿐이다. 그 철학이란 내면에 있는 다이몬(신령)✦27이 더럽혀지거나 다치지 않게 해주고 쾌락과 고난을 이겨내게 해주며 허튼소리를 하거나 기만과 위선을 떨지 않게 막아주고 타인이 무엇을 하든 거기에 구애받지 않고 끝까지 지켜준다(2. 17).

· ✦ ·

철학은 우리가 몸을 맡기고 쉴 수 있게 해줄 뿐만 아니라 우리를 지켜준다고 아우렐리우스는 말합니다. '내면에 있는 다이몬(신령)'은 이성을 가리킵니다. 이에 관해서는 뒤에서 살펴보겠습니다. 철학이 이성을 끝까지 지켜준다는 말은 철학이 없으면 이성을 지켜낼 수 없다는 뜻입니다. '타인이 무엇을 하든 전혀 구애받지 않는다'는 말도 뒤에서 살펴보겠지만, 우리는 타인에게 호기심을 느끼거나 반대로 타인의 말과 행동에 마음의 평안을 위협받기도 합니다. 철학은 바로 그럴 때 우리를 지켜주는 것입니다.

· ✦ ·

네 인생 전반을, 혹은 성인이 되고 나서 지금까지 학자로 살기는 이미 불가능하다는 것, 네가 철학에서 멀어졌다는 것이 너는 물론이고 다른 수많은 사람들의 눈에도 확실하여 허영심을 버리는 데 도움이 된다. 너는 이미 세속에 물들어 철학자로서 명성을 얻기가 쉽지 않다. 생활 기반도 그것을 부정한다(8. 1).

· ✦ ·

이렇게 선량한 영혼을 지켜주는 것은 '오직 철학뿐이다'라고 말했던 아우렐리우스도 철학을 간직하고 실천하며 사는 것이 쉽지만은 않았던 모양입니다.

힘든 일, 원치 않은 일을 해도

마음속에 기댈 곳이 있으면

그곳은 누구의 방해도 받지 않는 안식처가 됩니다.

#방해받지않는장소 #원치않았던일 #네덕에살아 #오늘도너와함께

자연과 일치되어 산다

아우렐리우스는 소년 시절부터 고대 그리스의 스토아철학에 깊이 빠져있었습니다. 스토아학파를 창시한 사람은 키프로스섬 키티온◆28 출신의 제논(기원전 335년~기원전 263년)입니다. '스토아'란, 제논이 아테네◆29의 열주랑(스토아Stoa)에서 자신의 사상을 강의한 것을 기념하기 위해 지어진 이름으로, 영어 '스토익Stoic'의 어원이 됩니다.

스토아파의 계보는 크게 3기◆30로 나뉘는데 아우렐리우스는 후기 스토아파의 한 사람으로 꼽힙니다. 그는 특히 같은 후기 스토아파의 현인 에픽테토스◆31(55년~135년)에게 영향을 받았습니다. 《명상록》에도 에픽테토스의 말이 군데군데 인용되어 있지요. 에픽테토스의 말년은 아우렐리우스가 철학에 감화된 소년 시절

과 겹쳐지는데, 직접 배운 것은 아니고 은사 루스티쿠스◆32의 장
서를 읽다가 이 현인과 사상을 알았다고 적혀있습니다(1. 7).

· ◆ ·

이제 선한 사람이 어떤 사람인지 논의는 그만두고 실제로 그
런 사람이 되어라(10. 16).

· ◆ ·

아우렐리우스는 《명상록》에서 어떻게 행동하는 것이 선한
사람인지를 자신에게 일깨우려는 듯 여러 차례 적어놓았습니다.
물론 논의를 그만두면 철학이 아니게 되지만 실천철학인 스토아
철학에서는 실제 선한 인간이 되는 것이 중요하다는 의미입니다.
그러면 무엇을 실천할까. 스토아철학에서 가장 중요시 여기
는 것은 '자연과 일치되어 사는'◆33 삶입니다. 여기서 말하는 자
연은 우리가 보통 쓰는 '산천초목'이란 의미가 아니라 우주의 질
서를 나타내는 법칙(이성, 로고스Logos)을 의미합니다.

· ◆ ·

네 자신의 자연과 공통의 자연에 따라 한눈팔지 말고 쭉 뻗
은 길을 걸어라. 이 두 개의 길은 하나이다(5. 3).

· ◆ ·

공통의 자연이란 '우주의 자연'이란 의미입니다. 아우렐리우스는 우주 안에 사는 인간도, 그 로고스의 일부분이며 이성을 나누어 갖는다고 보았습니다. 그리고 그러한 이성에 따라 사는 삶이야말로 자연, 우주의 이성과 일치되어 사는 삶이라고 생각했습니다. 좀 더 말하자면, 앞에서 살펴본 바와 같이, 무엇이 '선'인가, 다시 말해 무엇이 자신에게 득이 되는가, 어떻게 사는 것이 행복인가를 판단할 수 있는 것이 이성이고, 결국 이는 자연에 따라 산다고 보았던 것이지요.

· + ·

우주가 무엇인지 모르는 자는 자연이 어디에 있는지도 알지 못한다. 자신이 본래 무엇을 위해 존재하는지 모르는 자는 자신이 어떤 사람인지, 우주가 무엇인지도 알지 못한다(8. 52).

· + ·

우주, 자연은 '신'으로 바꿔 말할 수도 있습니다.

· + ·

신들과 함께 살아라. 자신의 영혼이 '신에게' 주어졌음에 만족하며 제우스가 자신의 분신으로서 개개인에게 부여한 감독

자, 지도자의 다이몬이 바라는 것, 행하는 것을 신들에게 부
단히 보여주는 자는 신들과 함께 사는 자들이다. 이는 개개인
의 지성이며 이성(로고스)이다(5. 27).

· ✦ ·

신이 자신의 분신으로서 인간에게 내린 이성은 신의 뜻에
따라 살도록 우리의 마음을 감독하는 것이며, 우리는 늘 그 이성
에 따라 자신의 행동이나 욕구가 정말로 선한지 판단하지 않으
면 안 되는 것입니다.

이렇게 우주, 자연과 그 안에 사는 인간은 마크로코스모스
Makrokosmos(대우주)와 미크로코스모스Mikrokosmos(소우주)로서 동심
원 관계에 있는데, 미크로코스모스인 모든 인간은 인종과 언어,
문화의 차이를 뛰어넘어 이 이성을 공유하는 동지이며 서로 조
화를 이루는 관계라고 스토아철학은 보았습니다.

여기에서 인간은 폴리스(도시국가)의 시민이 아닌 코스
모폴리테스Cosmopolites(세계시민)라고 하는 코스모폴리터니즘
Cosmopolitanism◆ 34, '세계시민주의'라는 개념이 나옵니다. 소크라테
스가 애국자를 말할 때 그 국가는 아테네이지만, 아우렐리우스
에게는 우주가 곧 하나의 국가이며 자신은 코스모폴리테스라고
말합니다.

· ✦ ·

우주는 곧 국가다(4. 4).

· ✦ ·

나의 자연은 이성적이며 국가·사회적이다. 안토니누스로서
내가 속한 국가와 조국은 로마이지만, 인간으로서 내가 속한
국가와 조국은 우주다(6. 44).

· ✦ ·

아우렐리우스는 본인이 황제로서는 로마제국에 속해있지
만, 한 인간으로서는 더 큰 공동체에 속해있다는 것을 알고 있었
습니다. 코스모폴리테스라는 자각이 로마 황제로서 활동하는 힘
의 원천이 되었고, 무엇보다 로마제국과 세계 자체를 혼동하지
않았다는 점이 중요합니다.

현대사회야말로 타인를 '동지' '세계시민'으로 보는 시선이
필요합니다. 모든 사람이 자신의 친구라는 것을 전제로 서로의
차이를 인정하고 타인을 존중한다면 참혹한 사건과 분쟁을 줄이
고 첨예화된 대립을 대화로 풀 수 있을 것입니다. 타인과 공생하
는 문제에 관해서는 2장에서, 세계시민이란 관점에 대해서는 4
장에서 자세히 살펴보기로 하고, 여기서는 스토아철학의 특징적

개념인 '운명론'에 관해 살펴보겠습니다.

· ✦ ·

무언가를 좇지도 피하지도 않는 삶을 산다(3. 7).

· ✦ ·

이것만 읽으면 소극적으로 살라고 권하는 것처럼 보입니다.

· ✦ ·

일어나는 모든 일이 어렵고 힘겹게 느껴져도 기꺼이 받아들여라(5. 8).

· ✦ ·

자신에게 주어진 것(운명)을 사랑하고 환영하라(3. 16).

· ✦ ·

그런데 위의 글에서는 운명을 적극적으로 받아들이라고 말합니다. 무슨 일이 일어나도 운명이니까 참고 따르라, 체념하라고 강요하지 않습니다. 그러면 어떻게 받아들여야 할까요. 다가오는 운명을 정면에서 순순히 받아들이면 그 일을 직시하는 것도, 거기에서 뭔가를 배우는 것도 가능하겠지요. 좇아가지 않아도 운명은 저편에서 찾아오게 되어있습니다. 그것도 아무도 바라지 않는 순간에 사정없이 덮치듯 찾아올 것입니다. 운명이란 그렇게 인간의 힘으로는 어찌할 도리가 없는 것입니다.

천재지변도 피할 수 없습니다. 천재지변으로 소중한 사람을 잃으면 가슴이 죄이는 슬픔과 비통함을 겪게 됩니다. 그래도 우리는 언젠가 다시 털고 일어나지 않으면 안 됩니다. 다만 이때, 다시 일어나기 위해 노력할 것인가는 자유의지에 달려있습니다. 아우렐리우스는 자유의지가 작동하는 것을 부정하지 않았습니다.

어려움에 직면했을 때, 그것을 어떻게 받아들이고 극복하면 좋은지에 관해서는 3장에서 생각해 보겠습니다.

다시 일어나기 위해 노력할 것인가는

자유의지에 달려있습니다.

선의 원천은 자신의 '내면'에 있다

《명상록》에는 자신을 훈계하는 엄한 말이 반복해서 나옵니다. 이 책이 다른 사람이 읽을 것을 고려하지 않은 비망록이라서만은 아닙니다. 아우렐리우스는 잊어버리기 쉬운 것을 바로 떠올리기 위해, 아차 하면 휩쓸려 버릴지도 모를 자신을 다스리기 위해 일부러 스토아철학의 가르침을 반복해서 적어놓고 가슴에 새기려고 한 것입니다.

　　궁정 생활, 황제의 삶은 자유와 거리가 멀었습니다. 아우렐리우스가 황제라 해도 실권을 잡지 못하고 겉으로 드러나지 않는 실세에게 이용당했을 수도 있습니다. 역사에 이름을 새길 만큼 현제였다고 하나, 적이 없지는 않았습니다. 아니 현명해서 외려 주변에서 어려워했을 수 있고, 스스로에게 엄격하게 굴수록

갑갑하게 느끼는 사람, 그를 싫어하는 사람도 있었겠지요.

· ✦ ·

죽기 직전, 나의 죽음을 기뻐하는 이가 없다면 그 사람만큼 행복한 사람도 없을 것이다. 허나 그가 어질고 훌륭한 사람이었다 해도 임종을 앞두었을 때는 주변에 이렇게 혼잣말하는 사람이 있을 것이다.

"우리는 이제 곧 이 '선생님'에게 해방되어 한숨 돌릴 거야. 선생님은 우리 중 누구에게도 화를 내거나 꾸짖은 적이 없지만 난 선생님이 말은 안 해도 우리를 못마땅하게 여긴다고 느꼈어."

훌륭한 사람의 경우가 이러한데, 이런저런 이유로 '선생님'에게 해방되고 싶은 사람이 얼마나 많을까. 그러니 죽어갈 때 이를 떠올리고 내가 그토록 열심히 기도하고 마음 써주던 친구들마저 내가 죽기를 바라고, 내 죽음으로 뭔가 다른 해방감이 생기기를 바라는 그런 삶에서 내가 빠져나오는 것이라고 생각하자. 그렇게 생각할 수 있다면 이 세상을 편하게 떠날 수 있을 것이다. 그러면 세상에 더 오래 머물려고 집착할 필요도 없어지지 않을까(10. 36).

· ✦ ·

누군가 '자신이 그토록 열심히 기도하고 마음 써준 친구'가 배신했는지도 모릅니다. 자신을 이용하는 것도 모자라 자신이 죽기만을 오매불망 바라고 있을지도 모르지요. 그렇게 생각하면 삶에 대한 집착이 없어질 만큼 절망적인 기분이 들 것입니다. 타인이 자신의 기대를 채워주기 위해 사는 게 아니라는 것을 알면서도, 자신의 앞길을 가로막는 타인의 존재를 보면 천재지변이 난 것만큼이나 받아들이기 힘든 운명 같은 것을 느꼈을지 모릅니다. 자유도 없이 한시도 마음 편할 날이 없는 나날을 보내던 그는 내면의 정신, 이성을 따름으로써 자유를 찾으려고 했습니다.

성찰로 마음의 자유를 얻을 수 있을까?

스토아철학에서는 인식이 다음과 같은 과정을 거친다고 보았습니다. 무언가가 외부에 있는 것을 인식한다고 할 때, 감각기관은 그 영상을 마음속에 각인시킵니다. 이것을 '표상', 그리스어로는 '판타시아Phantasia(φαντασία)'라고 합니다. 이때, 도장을 찍듯 외부의 인상이 각인되는데, 그 인식이 전부 옳다고는 할 수 없습니다. 다시 말해, 이성의 인정을 받아야 비로소 인식으로 받아들여질 수 있는 것입니다.

· ✦ ·

맨 처음 드러나는 표상이 말해주는 것 이상은 살을 붙여 말하지 마라. 아무개가 네 험담을 한다는 말을 전해 들었다. 그게 사실이라고 해도 그걸로 네가 무슨 해를 입었는지는 전해 듣지 못했다. 내 아이가 아픈 것을 보았다. 그게 사실이라 해도 위험한 상태로는 보이지 않는다. 이렇게 늘 첫 표상만을 받아들이고 네 안에서 이것저것 살을 붙이지 마라. 그러면 네게는 아무 일도 일어나지 않는다. 아니, 우주에서 일어나는 모든 것을 아는 사람처럼 보이고 싶으면 살을 붙여 말하라(8. 49).

· ✦ ·

드러난 표상은 누군가가 내 험담을 한다는 것뿐입니다. 그런데 이 심상에 쓸데없는 판단을 덧칠해 버립니다. 험담이 사실이라 해도 직접적으로 해를 입은 건 없습니다. 그런데도 열이 나서 축 처져있는 아이를 보면 위중한 상태일지도 모른다며 죽을까 봐 지레 겁을 먹습니다.

· ✦ ·

네가 외부에 있는 어떤 것으로 인해 괴로워하고 있다면, 너를 괴롭히는 것은 외부에 있는 그것이 아니라 너의 그 판단이다(8. 47).

· ✦ ·

사물은 외부에 조용히 있을 뿐이어서 네 영혼을 건드리지 못한다. 고뇌는 오직 네 내면의 판단에서 생겨난다(4. 3).

· ✦ ·

고통은 어디에 있는가. 네가 있을 것이라고 짐작하는 바로 그
곳에 있다(4. 39).

· ✦ ·

우리는 과거만이 아니라 미래를 끌고 오기도 합니다. 가령,
공부를 하지 않는 아이를 본 부모가 "요즘 네가 공부하는 꼴을
못 봤어" "오늘도 안 하네" "이러니, 내일도 안 하겠지"라고 생각
하지만 그렇게 멋대로 판단하고 아이를 야단치는 건 부당합니다.

· ✦ ·

너를 괴롭히는 쓸데없는 고민들은 모두 너의 판단 속에 있고
너는 그것을 없앨 수 있다(9. 32).

· ✦ ·

일어날 일은 일어나게 되어있으며 어차피 그것을 피할 수
없습니다. 그렇다 해도, 안 해도 되는 판단, 잘못된 판단을 계속
하고 있지는 않은지 끊임없이 성찰해야 합니다.

아들러◆35는 《아들러 삶의 의미(Der sinn des lebens)》◆36에
서 스토아파 철학자 세네카◆37의 말을 인용하며 이렇게 말했습
니다.

"심리학을 탐구할 때 '모든 것은 생각하기에(사유하기에) 달렸다'는 세네카의 말을 잊어서는 안 된다."

누구나 같은 세계에 살고 있지 않습니다. 자신이 생각한 대로 이 세상를 보고 있는 것뿐입니다.

·◆·

거짓되고 확실하지 않은 표상을 인정하지 않는다(8. 7).

·◆·

'맨 처음 드러나는 표상이 말해주는 것 이상은 살을 붙여 말하지 말라'는 아우렐리우스의 글을 보면 표상을 일체 판단하지 말라는 뜻으로 읽히지만, '거짓되고 확실치 않은' 것은 인정하지 않으며 똑바로 판단해야 된다는 뜻으로도 읽힙니다. 개인적 인간관계에 그치지 말고, 가십이나 소문, 가짜뉴스 등 외부에서 흘러오는 정보에 현혹되지 말고 끊임없이 주의를 기울이며 '그건 사실일까' '왜 그렇게 생각하는가' '내게 유리한 대로 해석하는 것은 아닐까' 따져봐야 합니다.

자신의 내면을 들여다보는 것은 외부에서 일어나는 일을 외면하는 게 아니라, 자기 내면의 판단을 곱씹어 생각하면서 현실과 마주해야 한다는 뜻입니다.

· ✦ ·

인간은 전원과 해변, 산지에 자신이 머물며 쉴 만한 장소를 찾는다. 너도 그런 장소를 열렬히 찾아왔다. 하지만 네가 원하기만 하면 너는 언제나 네 안으로 들어가 쉴 수 있었다. 그래서 그 모든 생각이 더없이 어리석게 느껴진다(4. 3).

· ✦ ·

자아 찾기, 행복 찾기를 하려고 굳이 다른 나라를 여행할 필요는 없다는 뜻입니다. 숲과 수변이 있는 별장에 머물지 않아도 행복한 안식을 얻을 수 있다고 아우렐리우스는 말합니다.

· ✦ ·

네 내면을 파라. 계속 파다 보면 거기서 늘 용솟음치는 원천을 얻을 수 있다(7. 59).

· ✦ ·

인간은 누구나 행복을 추구합니다. 이는 고대 그리스 이래, 철학의 대전제였습니다. 행복을 추구하지 않거나 불행을 추구하는 선택지는 존재하지 않습니다. 다만 행복하기 위한 수단을 잘못 선택할 수 있으니 이성을 제대로 작동시켜야 합니다. 행복을 추구하는데 행복하지가 않다면 이는 지적 오류가 일어났기 때문입니다. 아우렐리우스는 '자기 안으로 들어가 쉴 수 있다'고 말하지만, '선의 원천'을 발굴해 내기 위해서는 지적 탐구가 필요합니다. 그리고 그게 철학이라고 한다면, 그 철학이 어떤 상황에서든 우리 인간을 지켜준다고 할 수 있을 것입니다.

스스로 불행하다고 생각하는 사람은 그 원인을 '외부'에서 찾으려 합니다. 자신이 불행한 이유를 '그 사람이 못돼서' '가족이 협조해 주지 않아서' '상사가 이해해 주지 않아서'라는 식으로 말이지요. 하지만 아우렐리우스는 말합니다.

◦ ◆ ◦

타인의 마음에 무슨 일이 일어나는지 주의를 기울이지 않는다고 해서 불행한 사람은 없다. 하지만 자신의 마음이 어디로 움직이는지 주의 깊게 살피지 못하는 사람은 필연적으로 불행하다(2. 8).

◦ ◆ ◦

주변의 시선을 의식하고 상대의 반응, 안색을 살피며 타인의 마음에 주의를 빼앗기는 사람이 있습니다. 하지만 아무리 머리를 굴려도 주변 사람이 무슨 생각을 하는지 알 수가 없습니다. 자신에 대해 아는 것도 간단치가 않습니다. 그래서 마음의 움직임을 주시해야 하는 것입니다. 이러한 사고는 아들러 심리학의 이론과도 아주 흡사한 것 같습니다. 가령, 아이가 공부를 하지 않아서 고민하는 부모가 상담을 받으러 온다 해도, 눈앞에 있지 않은 아이는 문제 삼지 않습니다. 제가 찾는 것은 아이와의 관계 속에서 부모가 어떻게 느끼고 있느냐는 것입니다.

아우렐리우스가 열심히 성찰한 이유는 자신의 내면에 있는 잘못된 판단에서 자유로워지고 외부에서 생긴 번뇌에서도 자유로워지기 위해서입니다. 이 외부에서 생긴 번뇌의 하나가 '타자의 존재'입니다. 다음 장에서는 뼈아픈 배신을 당하기도 했던 아우렐리우스가 타자를 어떻게 대하고 관계를 맺으려 했는지 살펴보겠습니다.

맨 처음 드러나는 표상이

말해주는 것 이상은 살을 붙여 말하지 마라.

아무개가 네 험담을 한다는 말을 전해 들었다.

그게 사실이라고 해도 그걸로 네가 무슨 해를

입었는지는 전해 듣지 못했다.

#험담에대처하는자세 #드러난것만사실 #깊게파고들지말기 #오늘의약속

◆ 1 로마제국

기원전 7세기경에 도시국가로 출발한 로마는 왕정과 공화정을 거쳐 차츰 강대
해진다. 100년에 걸친 내란을 겪은 후, 기원전 27년 옥타비아누스가 '아우구스
투스(숭고한 자)'라는 칭호를 얻으며 로마는 바야흐로 제정으로 이행한다. 이후
476년, 서로마제국이 멸망할 때까지 약 500년간을 '로마제국'이라 한다.

◆ 2 평화와 번영을 구가

네르바에서 마르쿠스 아우렐리우스에 이르기까지 다섯 명의 황제(오현제)가
다스리던 100여 년간(98년~180년), 로마제국은 유럽에서 아프리카북부, 중근
동에 이르는 광대한 영토를 지배하며 영내의 도시화와 경제활동을 일궈내 '팍
스 로마나Pax romana(로마의 평화)'라고 하는 평화와 번영의 시대를 맞는다. 18세
기 영국의 역사가 기번Edward Gibbon은 세계 역사상 '인류가 가장 행복하고 번영했
던 시기(《로마제국 쇠망사(The history of the decline and fall of the roman
empire)》)'라고 찬양했다.

◆ 3 법무관

공화정 시기였던 기원전 4세기에 집정관(최고 관직)을 보좌하는 자리로 처음
생겼다. 당초에는 군사, 사법을 담당했으나 후에는 집정관의 취임 전 단계 보직
으로 고정. 제정기에는 명예직 성격을 띠었다. 제정기 법무관 정원은 열두 명.

◆ 4 하드리아누스

76년~138년. 로마 황제(재위 117년~138년). 오현제 중 세 번째. 속주인 히스파니
아(스페인) 출신으로 동향에 친척이었던 트라야누스 황제(오현제 중 두 번째)의
양자로 들어가 황제의 자리에 오른다. 장기간에 걸쳐 국내를 돌며 법을 정비하
고 화폐 징세 시스템을 균일화하여 제국 통합에 힘썼다.

◆ 5 아우렐리우스를 귀여워하여

아우렐리우스의 원래 이름은 마르쿠스 안니우스 베루스. 그 집안의 이름인 '베루스'는 '진실된, 참된'이란 의미다. 그래서 하드리아누스는 아우렐리우스를 놀리듯 '베리시무스(베루스의 최상급으로 '가장 진실된 자'란 뜻)'라고 불렀다. '도덕 선생' 같은 어감일 것이다.

◆ 6 원로원

공직자가 정책 결정을 할 때 의견을 듣는 자문기관으로 고위 관직에 오른 경험자와 부유한 토지 소유자가 종신 의원으로 선임됐다. 공화정 시대(기원전 6세기~기원전 1세기)에는 집단지도 체제가 이끄는 사실상 통치부로서의 힘을 가졌다. 제정기에 들어서면 의원직은 차츰 세습화되고 집정관 등 고급 공직과 명예직은 대부분 원로원의원이 선임됐다.

◆ 7 루키우스 카틸리우스 세베루스

외증조부. 트라야누스 황제, 하드리아누스 황제 치하에서 두 번이나 집정관을 역임했고 그 외에 시리아 총독, 아프리카 총독, 수도 장관 등 요직을 두루 거쳤다.

◆ 8 가정교사

《명상록》제1권에서 아우렐리우스는 가정교사들의 독창적인 가르침을 하나하나 열거하며 감사의 마음을 표한다 —— 주술과 퇴마를 믿지 않는 것, 시와 미사여구를 멀리하는 것, 말 많고 경솔한 사람에게 동의하지 않는 것, 쓸데없는 말을 하지 않는 것, '바쁘다'는 말을 연발하지 않는 것, 아플 때도 기분 좋게 지낼 것 등.

◆ 9 수수한 옷

로마 시민의 정복은 '토가'였다. 길이 3m가량의 양모로 만든 반원 모양의 천에 주름을 넣어 어깨에 걸쳐 입었다. 아우렐리우스가 입은 옷은 직사각형 양모 재

질의 '팔리움Pallium'이란 겉옷으로, 토가보다 가볍고 간소했다. 고대 그리스에서는 '히마티온Himation'이라고 했는데 철학자들이 몸에 직접 걸쳐 입었다고 한다.

◆ 10 안토니누스 피우스

86년~161년. 로마 황제(재위 138년~161년). 오현제 중 네 번째. 집정관 계급의 명문가 출신. 온후하고 독실하며 자비로운 인품으로 원로원에서 '피우스Pius(경건한)'란 칭호를 내렸다. 부인이 아우렐리우스의 고모(아우렐리우스 친부의 누이)로 안토니누스는 처조카를 양자로 들인다.

◆ 11 차기 황제로 지명

138년 7월, 제위에 오른 안토니누스 피우스는 양자 아우렐리우스와 케이오니아 파비아의 약혼을 깨트리고 자신의 딸 파우스티나와 약혼시킨다(145년에 결혼). 또 이듬해 139년에는 '카이사르(로마 황제 제위 계승자의 칭호)'란 칭호를 주고 아우렐리우스의 황위 계승을 확정 짓는다.

◆ 12 루키우스 베루스

130년~169년. 로마 황제(재위 161년~169년). 하드리아누스 황제의 황위 계승자 루키우스 케이오니우스 코모두스의 아들로 아우렐리우스의 약혼자(훗날 파혼)였던 케이오니아 파비아와는 남매지간. 138년에 아버지가 죽자, 하드리아누스 황제의 명령으로 아우렐리우스와 함께 안토니누스의 양자로 들어가 후에 공동 황제에 오른다.

◆ 13 공동 황제

161년, 안토니누스 피우스 황제가 세상을 떠나자 황위 계승자 아우렐리우스는 자신과 마찬가지로 선대 황제의 양자였던 루키우스 베루스에게 공동 황제가 되어 달라고 요청했다. 두 명의 황제가 다스리는 공동통치는 이것이 최초의 사례다.

◆ 14 자연재해와 외적의 침입

두 황제가 즉위한 161년, 여름철 냉해로 심한 기아가 발생하고 로마 시내를 흐르는 테베레강이 크게 범람했다. 이듬해 162년에는 동방의 파르티아(이란에서 일어난 왕국)에서 로마의 동맹국 아르메니아 왕국을 침략했다(파르티아 전쟁). 또 166년경부터 북방의 게르만 부족들이 도나우강을 건너 로마제국으로 침략해 들어왔다(마르코만니 전쟁).

◆ 15 루키우스가 갑작스레 사망

168년, 두 황제는 게르만 부족들을 격퇴하기 위해 북쪽의 국경지대로 향했다. 하지만 이듬해 169년 초, 현재의 북이탈리아 베네치아 근교에서 황제 루키우스 베루스가 뇌출혈로 서른여덟의 젊은 나이로 세상을 떠난다.

◆ 16 코모두스

161년~192년. 로마 황제(재위 177년~192년). 부친 아우렐리우스가 죽고 총애하는 신하에게 정치를 맡겨서 원로원과 대립. 검투사로서 격투하기를 좋아하여 자신을 헤라클레스의 화신이라며 우상화시키는 등 난행을 일삼다 결국 암살당했다.

◆ 17 말미에 기록된 지명

제1권 '그라누아 강변의 콰디족 마을에서 적다', 제2권 '카르눈툼에서 쓰다'. 그라누아강과 카르눈툼은 속주 판노니아(현재의 헝가리 서부와 오스트리아 일부 등)를 흐르는 도나우강 유역의 하천 및 도시이고 콰디족은 게르만 부족이다. 171년~173년경 아우렐리우스는 이 지역으로 원정을 떠났다.

◆ 18 스토아철학

고대 그리스에서 탄생한 철학 유파의 하나. 시조 '제논'이 변방인 키프로스섬 출신의 페니키아인이었다는 것을 상징하듯, 그리스 문물이 지중해 연안 지방의 구석구석까지 퍼졌던 헬레니즘 시대를 대표하는 철학. '지를 사랑한다(愛知)'는 철학(愛知=철학)을 구성하는 논리학·윤리학·자연학 세 분야가 서로 긴밀히 연결되어 '지혜(인간 생활의 일체를 바르게 처리하기 위한 지식)'를 좇는 그 실천적 성격이 이 철학의 특징이다.

◆ 19 양피지

양과 염소 가죽을 말리고 표백해서 만든 필기 재료. 기원전 2세기에 소아시아에서 발명되었다. 유럽에서는 중세 말까지 공문서, 전례서 등의 필기용으로 사용되었다.

◆ 20 파피루스

고대 이집트에서 나일강변에 무성하게 자라던 파피루스 풀(학명:Cyperus papyrus)의 섬유로 만든 일종의 종이. 기원전 20세기경부터 기원후 수 세기 동안 필기 재료로 사용되었다.

◆ 21 16세기 중반

1559년, 독일의 고전학자 빌헬름 크실란더Wilhelm Xylander(1532년~1576년)가 《명상록》 전편의 유일한 사본(파리 사본)을 라틴어로 번역, 원어인 그리스어를 병기하여 인쇄·간행했다. 이후 파리 사본이 소실되면서 이 간행본이 초판이 됐다.

◆ 22 그리스어 원전이 번역

가미야 미에코가 번역한 《명상록》(초판 쇼겐사판, 1949, 신판 이와나미문고, 1956.)을 시작으로, 스즈키 데루오의 번역판(주오코론사, 1968, 고단샤학술문고, 2006.), 미즈라 무네아키의 번역판(교토대학학술출판회, 1998.)이 있다.

◆ 23 플라톤

기원전 427년~기원전 347년. 고대 그리스의 철학자. 스승 소크라테스의 죽음을 계기로 철학에 몸담기로 하고 훗날 아테네 근교에 학교(아카데메이아)를 세우며 청년교육과 연구 생활에 전념했다. 경험적 세계를 초월하여 존재하는 이데아를 '참된 실재(眞實在)'로 보는 철학을 확립. 소크라테스가 대화의 주도자로 나오는 《메논》《파이드로스》《향연》《국가》 등 약 30편의 대화편을 남겼다.

◆ 24 철인정치

플라톤의 《국가》와 《편지들》에서 제시된, 견식 있고 사리에 밝은 소수의 철인이 통치하는 최고의 정치형태. '철학자들이 여러 나라에서 왕이 되어 통치하는 것이 아닌 이상, 또는 왕이나 권력자라 할 수 있는 사람들이 진실로 충분히 철학자가 아닌 이상, 국가는 물론 인류에게도 불행한 일이 아닐 수 없다.'

◆ 25 대화편

여러 등장인물이 대화(문답)를 통해 철학적 주제를 탐구하는 저술 형식. 플라톤이 펴낸 30여 편의 저서는 거의 전부가 대화 형식으로 되어있고 그것도 대부분은 죽은 스승인 소크라테스가 대화를 주도한다.

◆ 26 《크리톤》

초기 대화편의 하나. 사형 집행이 임박한 어느 날 아침, 어린 시절부터 친하게 지내던 크리톤이 감옥에 있는 소크라테스를 찾아와 아테네 밖으로 도망치라고 필사적으로 권한다. 하지만 소크라테스는 일어난 일의 시비를 제대로 가리지 않으면 안 된다면서 법과 정의의 의미를 되짚고 '의인화'된 국법과 대화를 나눈 뒤 크리톤의 제안을 거절한다.

◆ 27 다이몬(신령)

이 세상에 뚜렷이 모습을 드러낸 초자연적인 신의 힘과 존재를 말한다. 개개인을 지도하고 수호하는 신령, 혹은 신과 인간의 중개자를 가리키며, 단적으로 '신'이나 '운명'을 말하기도 한다.

◆ 28 키프로스섬 키티온

키프로스섬은 지중해 동단의 아나톨리아 반도와 시리아 근처 해역에 있는 섬. 섬 남쪽의 도시 키티온은 페니키아의 식민도시이며, 제논은 페르시아가 지배하던 말기에 태어났다.

◆ 29 아테네

기원전 8세기경에 형성되어 기원전 5세기에 번영의 정점에 오른 그리스인만의 독특한 도시국가(도시와 그 영역이 독립국가로 이뤄진 정치체. 도시 주변에는 성벽이 서있고 중심에는 광장과 언덕이 있다)를 특별히 '폴리스'라고 한다. 군사적으로 최대 세력을 자랑하던 아테네는 직접 민주정을 완성했으며 문학·철학·미술 등의 영역에서도 뛰어난 성취를 이룬 대표적 폴리스다.

◆ 30 3기

초기 스토아파 ── 시조 제논, 문학적 측면을 대표하는 클레안테스(기원전 3세기), 교리를 체계화한 크리시포스(기원전 3세기). 중기 스토아파 ── 초기 스토아파의 교리를 개정하여 절충적 윤리 사상을 설파한 파나이티오스(기원전 2세기), 신의 나라와 지상의 나라가 조화를 이뤄야 한다고 설파한 포세이도니오스(기원전 2세기~기원전 1세기). 후기 스토아파 ── 세네카(기원후 1세기), 에픽테토스(기원후 1세기~2세기), 마르쿠스 아우렐리우스.

◆ 31 에픽테토스

소아시아 출신의 후기 스토아파 철학자. 노예 신분으로 철학을 공부했으며 후에 해방된다. 후반생은 그리스에서 학생을 가르치며 보냈다. 저서는 없지만 제자 아리아누스가 그의 사상이 담긴 《담화록》《편람》을 써서 후세에 남겼다. 이론보다 윤리적으로 사는 양식을 중시했고 특정 사물에 대한 집착과 기피를 버리고, 사물의 일체를 있는 그대로 받아들여야 한다고 설파했다.

◆ 32 루스티쿠스

유니우스 루스티쿠스Junius Rusticus(100년경~170년). 집정관을 두 번(133년, 162년) 역임한 유력 정치가로, 스토아철학자였다. 아우렐리우스가 수사학에서 철학으로 진로를 변경하는 데 결정적 역할을 했고 평생 깊이 교류했다.

◆ 33 '자연과 일치되어 산다'

제논 이래, 스토아파가 이상으로 여기는 삶의 방식이다. 처음에 제논은 삶의 목적이 '조화롭게 사는 것'이라고 했다. 이것을 클레안테스가 '목적은 자연 본성과 조화를 이루며 사는 것'이라고 부연했고 여기에 크리시포스가 '자연 본능에 의해 일어나는 경험에 따라 사는 것'이라고 설명했다고 한다(《초기 스토아파 단편집》에서).

◆ 34 코스모폴리터니즘

Cosmopolitanism. 공동체, 민족, 국가 등을 매개로 하지 않고 개인이 직접 세계와 결합해야 한다고 하는, 개인주의적·보편주의적 사상. 그리스어 코스모스(세계)와 폴리테스(시민)를 합성한 코스모폴리테스에서 유래한다.

◆ 35 알프레드 아들러

Alfred Adler(1870~1937년). 오스트리아의 정신과의사이자 심리학자. 처음에는 프로이트의 사상에 동조했으나 '성욕설'을 비판하고 결별한다. 인간을 더는 분리할 수 없는 전체로 파악하고 감정과 이성, 의식과 무의식 등 온갖 이원론에 반대하는 '개인심리학'을 창시했다. 저서로 《심리학이란 무엇인가?(What life should mean to you)》 등이 있다.

◆ 36 《아들러 삶의 의미(Der sinn des lebens)》

1933년 간행. 인생의 의미와 삶의 의미에 관해, 삶의 방식Lifestyle · 개인의 성격 Personality · 콤플렉스 · 공동체 감각 등 개인심리학의 개념과 방법을 도입하여 다각 적으로 접근한 아들러가 만년에 내놓은 대작.

◆ 37 세네카

기원전 4년경~기원후 65년. 로마제정 초기의 스토아파 철학자이자 정치가. 스 페인 출신. 원로원의원이 되었으나 칼리굴라 황제, 클라우디우스 황제가 로마 를 다스리던 8년간 추방당했다. 귀국 후에는 네로 황제를 섬겼으나 은퇴 후 음 모 사건에 연루되어 네로에게 자결을 명 받고 스스로 목숨을 끊는다. 저서로 《인생의 짧음에 관하여(De brevitate vitae)》《행복한 인생에 관하여(De vita beata)》 등이 있다.

2 장

'타자'와
공생하기

Marcus Aurelius

카시우스의 배신

우리는 모두 타자와 관계를 맺으며 살아갑니다. 세상에는 다양한 사람들이 살고 있어 그 안에서 마찰과 알력이 생기는 것도 무리가 아니겠지요. 심리학의 3대 거장으로 프로이트[1], 융[2]과 어깨를 나란히 하는 알프레드 아들러는 모든 고민은 인간관계에서 비롯된다고 지적했습니다.

고민의 원천이라고 해도 그것을 피해갈 수 없습니다. 무엇보다 사는 기쁨과 행복은 타자와의 관계 속에서만이 얻을 수 있습니다. 타자는 자신의 '외부'에 있고 때로 우리를 괴롭히기도 하지만 그들과 어떻게 어울리고 어떤 관계를 맺느냐가 동서고금 공통의 주제입니다.

아우렐리우스도 로마제국에 침입하여 패권을 노리던 주변

민족과의 대립과 '서로 경멸하면서도 서로에게 잘 보이려고 아첨한다. 그리고 상대보다 우월해지려 애쓰면서도 서로에게 양보하는 모습을 보이는(11. 14)' 부패한 궁정인들의 모습과 가신의 배신으로 괴로워했습니다. 그중에서도 아비디우스 카시우스◆³의 반란으로 큰 충격을 받았습니다.

카시우스는 아우렐리우스가 급사했다는 오보를 접하자 후계자를 자처하고 군사를 일으켰습니다. 결국, 봉기 직후에 카시우스는 부하에게 참살당하고 반란은 이내 종식되었지만, 모반 소식을 접한 아우렐리우스는 카시우스를 용서하려 했습니다.

'카시우스의 머리를 받았을 때, 안토니누스(아우렐리우스)는 기뻐하거나 자만하기는커녕 자비를 베풀 기회를 빼앗겼다며 비통해했다. 자신을 나무라며 목숨을 살리려면 산 채로 잡아들였어야 했다고 말했다(갈리카누스^{Vulcatius Gallicanus}, 《아비디우스 카시우스의 생애》).'

아우렐리우스가 배신자나 잘못을 저지른 사람에게 늘 관용을 베풀려고 노력했던 모습은 《명상록》에도 잘 나와있습니다.

잘못을 저지른 자까지 사랑할 수 있는 건 인간뿐이다. 그들이
너와 동족이고 무지해서 본의 아니게 잘못을 저질렀으며 그
들도 너도 머지않아 죽을 것이라고 생각해 보라. 그러면 너는
그들을 사랑할 수 있을 것이다. 무엇보다 그들은 너에게 아무
런 해도 가하지 않았다. 왜냐하면 너의 지도적 부분(이성)이
전보다 나빠지지 않았기 때문이다(7. 22).

· + ·

잘못을 저지른 사람을 용서할 뿐만 아니라 사랑하라고 말합
니다. 왜냐하면 그것은 '인간만이 할 수 있는 일', 다시 말해 자연
에 순응하여 사는 것이기 때문입니다. 카시우스가 배신한 것은
사실이다, 하지만 무엇보다 중요한 '이성'은 위협받지 않았다. 그
런 의미에서 '자신은 카시우스에게 아무런 해를 입지 않았고 그
를 사랑할 수 있다'라고 말한 것입니다.

아우렐리우스는 그가 자신과 마찬가지로 지성과 신성의 파
편을 공유하며(2. 1) 같은 잘못을 저지를 수 있다는 의미에서 '동
족'이라 칭했습니다. 그리고 똑같은 잘못을 저지를 수 있다는 것
을 알면 상대에게 분노하거나 비난하지 못할 것 — 이라고도 지

적했습니다.

· ✦ ·

누군가가 너에게 어떤 잘못을 저질렀을 때, 무엇을 선, 무엇을 악이라 여기고 잘못을 저질렀는지를 즉시 생각하라. 그러면 너는 그를 가련히 여기고 놀라지도 분노하지도 않게 될 것이다(7. 26).

· ✦ ·

상대의 말과 행동에 화를 내는 대신에 그 사람이 왜 잘못을 저질렀는지 생각해 보라고 아우렐리우스는 스스로에게 말합니다. 자기도 모르게 버럭 화를 냈을 때, 잠시 멈춰 서서 왜 상대가 그런 짓을 했는지 생각해 보는 것은 충동적 분노를 가라앉히는 좋은 방법이라 생각합니다. 여기서 중요한 건 '무엇을 선, 무엇을 악이라 여기고 잘못을 저질렀는가' 하는 부분입니다.

누군가가 너에게 어떤 잘못을 저질렀을 때,

무엇을 선, 무엇을 악이라 여기고 잘못을 저질렀는지를

즉시 생각하라. 그러면 너는 그를 가련히 여기고

놀라지도 분노하지도 않게 될 것이다.

#선과악구분하기 #분노를가라앉히는법 #직장상사동료 #월요병

잘못은 무지로부터

스토아철학에서는 무엇이 선이고 무엇이 악인지를 올바로 판단하지 못해서 인간이 잘못을 저지르는 것이라고 생각했습니다. 그것이 앞서 인용에서 언급한 '무지(無知)(7. 22)'입니다.

1장에서 '나는 오늘도 주제넘게 참견하고 다니는 사람, 배은 망덕하고 오만한 사람, 남을 잘 속이고 질투가 많은 사람, 사교성이 없는 무례한 사람과 만나리라'라는 문장을 인용했는데, 그 뒤에는 이렇게 쓰여있습니다.

+ + +

이 모든 것이 그들이 선악에 대해 무지해서 생겨난 일이다
(2. 1).

+ + +

1장에서 본 바와 같이, 선과 악은 각각 자신에게 득이 된다, 득이 되지 않는다는 의미입니다. 자신에게 득이 되지 않는 것을 바라는 사람은 없을 것입니다. 하지만 인간은 자신에게 득이 되지 않는 것을 선이라 착각하고 택했다가 불행해지기도 합니다. 부정을 저지르는 사람, 카시우스같이 배신을 하는 사람도 선악을 잘못 판단한 것입니다.

+ + +

너는 무엇이 마음에 들지 않는가. 사람들이 사악한 것이 마음에 들지 않는가. 그렇다면 이성적 생물은 서로를 위해 태어났다는 것을 알고 마음을 진정시켜라. 서로 참아내는 것이 정의의 일부이며 인간은 본의 아니게 잘못을 저지른다는 것도(4. 3).

+ + +

주목하고 싶은 것은 '본의 아니게'라는 부분입니다. 이 말은 《명상록》에 여러 번 나옵니다.

+ + +

'모든 사람이 본의 아니게 진리를 잃는다'고 말한다. 정의, 절제, 친절, 그러한 모든 미덕도 마찬가지다(7. 63).

+ + +

인간은 본의 아니게 잘못을 저지르고 진리를 잃는다. 이 말은 '악해지기를 바라는 사람은 아무도 없다(플라톤, 《메논》)'라고 한 소크라테스◆4에게서 유래합니다. 이 명제를 '소크라테스의 역설'이라고 하는데, 앞서 설명한 대로 악한 행동은 자신에게 득이 되지 않는다, 해가 된다는 것을 알면서도 악해지기를 바라는 사람은 없을 것이라는 의미입니다. 그런데 악한 행동을 하고 싶어서가 아니라, 자신에게 득이 된다(다시 말해, 선)고 생각한 것이 실제로는 악, 즉, 자신에게 득이 되지 않는다는 것을 의미한다면 이는 지극히 당연한 말이라서 역설이라고 할 수 없을 것입니다. 앞서 인용한 문장에 이어 아우렐리우스는 다음과 같이 말합니다.

◆◆◆

그것을 알면, 그 순간, 너는 모든 사람을 부드럽게 대할 수 있을 것이다(7. 63).

◆◆◆

고의로 잘못을 저지른 것이 아니며, 정의에 반하는 행위도 의도적으로 한 것이 아니라는 말입니다. 1장에서 보았듯이 인간은 누구나 행복하기를 바라고, 그에 필요한 이성도 똑같이 나눠 갖고 있습니다. 하지만 그걸 어떻게 활용하는지 모르기 때문에 잘못을 저지르는 것입니다. 다시 말해, 남의 험담을 하는 사람도, 다른 사람의 물건을 훔치는 사람도, 폭력을 휘두르는 사람도 그렇게 하는 것이 득이 되지 않는다는 사실을 모르는 것입니다. 무지해서 잘못을 저지른다는 것을 알면 타인에게 관대해질 수 있습니다. 그런데도 관대해지지 않는 자신을 아우렐리우스는 꾸짖습니다.

'너는 무엇이 마음에 들지 않는가'라고 묻는 문장에서 또 하나 눈여겨봐야 할 곳은 '서로를 위해 태어났다'는 부분입니다.

. + .

나는 나와 동족인 사람에게 화를 낼 수도 증오할 수도 없다. 왜냐하면 우리는 손과 발, 눈꺼풀, 윗니와 아랫니처럼 협력하기 위해 태어났기 때문이다. 서로 대립하는 건 자연에 반하는 짓이다. 분노하고 등을 돌리는 건 대립하는 것이다(2. 1).

. + .

이는 1장에서 인용한 다음 문장에 대응합니다.

. + .

우주가 무엇인지 모르는 자는 자연이 어디에 있는지도 알지 못한다. 자신이 본래 무엇을 위해 존재하는지 모르는 자는 자신이 어떤 사람인지, 우주가 무엇인지도 알지 못한다(8. 52).

＋

인간이 본래 무엇을 위해 사느냐고 한다면 협력하기 위해 산다고 하겠습니다. 그런 의미에서 서로 대립하는 것은 자연에 반하는 행위이자, 개인적 입장에서 말하자면 자기만 괜찮으면 된다는 이기주의이며 국가 간 입장에서 말하자면 자기 나라만 괜찮으면 된다는 생각이라고 할 수 있습니다. 배타적 말과 행동, 정책의 응수로 대립을 첨예화하는 오늘날 국제사회의 실상을 보면 아우렐리우스가 말한 협력 사상이 새롭게 보입니다.

＋

우리는 모두 하나의 목적을 달성하기 위해 협력한다. 이를 자각해 의식하고 협력하는 사람도 있고, 모르고 협력하는 사람도 있다(6. 42).

＋

당연히 타자에 의식적으로 협력하려는 사람도 있지만, 무의식적으로 협력하는 사람도 있다고 아우렐리우스는 말합니다.

이것은 아들러가 인용한 사례인데(《교육하기 어려운 아이들(Individualpsychologie in der schule)》), 문제 행동을 해서 부모를 애먹이던 아이가 있었습니다. 어느 날, 그 아이는 병에 걸려 입원을 한 뒤 일 년 동안 침대에 누워 지냈습니다. 그런데 퇴원 후에는 공부를 열심히 하는 아주 사랑스러운 아이가 되었습니다. 무슨 일이 일어난 걸까요. 자신을 사랑해 주는 사람이 아무도 없다고 생각했는데, 입원해 있는 동안 가족들이 자신을 헌신적으로 간병하고 극진히 보살펴 주는 모습을 보았던 것입니다. 이후로 타자를 보는 아이의 시선이 달라졌습니다. 다시 말해, 타자는 적이 아니라 '동지'라는 것을 알고 타자와 대립할 필요가 없어지자 퇴원 후 문제 행동이 사라진 것입니다.

가족의 입장에서 말하자면 입원한 아이를 위해 모두가 협력하면서 가족의 결속이 강해졌습니다. 그렇다면 그 아이는 자기도 모르는 사이에 가족에게 협력하고 공헌한 것이 됩니다. 앞에서, 타자에 의식적으로 협력하는 사람도 있다고 했는데, 이를 지나치게 의식하거나 협력한다고 소문을 내고 다니는 건 바람직하지 않습니다.

언제나 기분 좋은 사람의 웃는 모습은 그 존재만으로도 주변을 밝게 만들어 줍니다. 하지만 기분이 좋지 않아도, 웃는 모습을 보여주지 않아도, 그저 살아있기만 해도 그 사람은 타자에게 협력하고 공헌하는 것입니다.

· ✦ ·

화내지 말고 무엇을 잘못했는지 알려주고 보여주어라(6. 27).

· ✦ ·

누가 짜증 나게 굴면 화내지 말고 말해주면 됩니다. 부모도 아이가 잘못된 행동을 하면 야단치지 말고 '하지 말라'고 말해주면 됩니다. 부적절한 행동인지 정말 모르고 했다면 누군가에게 배워서 행동을 개선하면 됩니다. 하지만 상대가 화나는 행동을 할 때는 일부러 화를 돋우려고 그러는 경우가 많아서 알려주기만 해서는 행동을 바꾸지 않습니다. 그럴 때는 화를 내봤자 효과가 없습니다. 아우렐리우스는 다음과 같이 말합니다.

· ✦ ·

네가 화를 내도, 그들은 같은 행동을 할 것이다(8. 4).

· ✦ ·

그렇게 해도 같은 행동을 한다기보다는 화를 내니까 점점 더 그런 행동을 한다고 봐야겠지요. 이렇게 말만으로는 행동이 개선되지 않을 때, 어떻게 하면 좋을까요.

부모 자식 간에 싸우든 부부 간에 싸우든, 분노를 폭발시켜 좋을 게 하나도 없습니다. 서로 욕을 주고받다 심해지면 원래 무슨 일로 말다툼이 일어났는지 알지 못하게 됩니다. 분노를 폭발시켜봤자 상대는 점점 더 화만 내고 마음은 바꾸지 않아서 각자 마음속에 응어리만 남게 됩니다.

싸움에서 이겨도 증오심과 반발심만 커질 뿐, 인간관계로 촉발된 문제는 누가 더 강한지를 겨루는 권력투쟁으로 해결하지 못합니다. 설령 감정싸움으로 되지 않는다 해도 자신이 옳다는 생각에 사로잡혀 있는 동안에는 권력투쟁 속에 있다고 봐야 합니다. 아우렐리우스는 분노를 표출하는 것은 물론, 보복과 복수도 금지했습니다.

· ◆ ·

최고의 복수는, 나도 같은 사람이 되지 않는 것이다(6. 6).

· ◆ ·

당연히 복수를 권하는 게 아니고 상대가 화를 낸다고 똑같이 화를 내어서는 안 된다고 말하는 것입니다. 싸움을 부추기는 사람은 "당한 만큼 돌려주라"라고 말하지만, 싸움을 걸고 아무리 도발해도 거기에 응하면 문제는 해결되지 않습니다. 먼저 화를 내지 말고 복수하려는 생각도 일체 하지 말고, 권력투쟁에서 내려오는 수밖에 없는 것입니다.

· + ·

인간은 서로를 위해 태어났다. 그러니 모르는 게 있으면 알려주고 그게 아니면 참아라(8. 59).

· + ·

인간은 타고나길 협력하며 사는 존재라서 모르는 게 있으면 서로 알려줘야 합니다. '그게 아니면 참으라'라는 말은 분노의 감정을 누르고 참는다는 의미가 아닙니다.

· + ·

할 수만 있다면 알려주고 바로 잡아라. 그럴 수 없다면 이것 (타자의 잘못)에 대해 관용이 너에게 주어졌다는 것을 기억하라(9. 11).

언제나 기분 좋은 사람의 웃는 모습은 그 존재만으로도
주변을 밝게 만들어 줍니다. 하지만 기분이 좋지 않아도,
웃는 모습을 보여주지 않아도, 그저 살아있기만 해도
그 사람은 타자에게 협력하고 공헌하는 것입니다.

#존재가감사 #너와내가사는이유 #웃지않아도돼 #나의장점

현실을 넘어

아우렐리우스가 이상으로 삼았던 '타자'에 대한 기본 태도·자세는 '관용'이었습니다. 앞에서 인용했는데, 아우렐리우스는 이렇게 말했습니다. '잘못을 저지른 자까지 사랑할 수 있는 것은 인간뿐이다(7. 22).' 무지해서 본의 아니게 잘못을 저질렀지만 심지어 그런 사람도 사랑하라고 말합니다. 그렇게 해서 협력관계를 맺는 것이 자연과 하나가 되는 인간 본연의 삶을 사는 방식입니다.

이것은 이웃 사랑◆5이라는 기독교 정신과도 통하는 개념입니다. 그런데 아이러니하게도 아우렐리우스는 기독교 신자를 탐탁지 않게 여긴 듯 《명상록》에는 그들이 '노골적인 반항 정신'◆6의 소유자라는 점만 유일하게 기록되어 있습니다(11. 3). '인간은 모두 친구'라는 기독교와 가까운 생각을 가졌으면서도 그들을 전혀 이해하지 않은 것처럼 보입니다.

어쨌든 전쟁에 밤낮을 지새우며 사람들끼리 서로 죽이는 현실과 인간의 추악한 면을 목격했으면서도 관용과 공생 사상에 도달한 그가 평생 흔들리지 않았던 것은 큰 의미가 있다고 생각합니다. 이것은 아들러가 제1차 세계대전 중에, 살육의 현실을 목격하고도 '공동체 감각'[7]을 깨우친 것 ─ 우리는 모두 친구라는 개념에 도달했던 것과 중첩됩니다.

1장에서 본 것처럼 아들러의 사상 중 인식에 관한 개념, 그리고 여기에 나온 공동체 감각은 스토아철학의 영향을 받았습니다. 그리고 나머지 하나는 4장에서 살펴보겠습니다.

저는 철학이 현실만 추인해서는 안 된다고 생각합니다. 프로이트는 인간에게 공격 본능[8]이 있다고 했는데, 그걸 지적하기만 해서는 현상을 바꿀 수 없습니다. '현실에서 인간이 서로 죽인다 해도 이는 인간 본연의 모습이 아니며, 자연을 따르면 모든 사람이 협력하며 살아갈 수 있을 것이다.' 이러한 사상에 주목하는 것이 현실을 바꾸는 힘이 될 수 있습니다.

홉스[9]도 '만인의 만인에 대한 투쟁'[10]을 자연상태라고 했는데, 이도 스토아철학과 아우렐리우스 세계관과 대립하는 개념입니다.

관용과 공생의 관계성을 저해하는 대립이나, 상대를 깎아내리려는 행위의 근저에는 우월감을 느끼려는 마음이 도사리고 있습니다. 상대에게 해를 입히는 언행만이 아니라 가령, 친절하고 상대에게 도움을 주려고 애쓰는 모습에서도 실은 보상을 바라는 사심이 섞여있을 수 있습니다. 하지만 아우렐리우스는 그래서는 안 된다고 스스로를 엄하게 꾸짖습니다.

관용과 공생의 관계성을 저해하는 대립이나,

상대를 깎아내리려는 행위의 근저에는

우월감을 느끼려는 마음이 도사리고 있습니다.

칭찬을 바라지 않는다

타자에게 칭찬을 바라지 않는 아우렐리우스의 자세는, 칭찬하는 것을 교육 방법으로 권장하는 오늘날 새롭게 보입니다.

· ✦ ·

누군가에게 친절을 베풀 때, 그 사람이 감사할 것을 계산에 넣는 사람이 있다. 또 그런 건 아니지만 자신이 한 행동을 기억하고 상대를 마음속으로 채무자로 보는 사람도 있다. 그런가 하면 아무것도 의식하지 않고 행동하는 사람도 있다. 그 모습이 꼭 포도송이를 주렁주렁 맺은 뒤에는 더 이상 아무것도 바라지 않는 포도나무와 닮았다(5. 6).

· ✦ ·

상대를 마음속으로 '채무자'로 보는 사람도 있다는 게 무슨 의미인지는 자신이 누군가에게 잘해준 것을 잊지 않는 사람, 은혜를 베풀어 준 사람을 생각해 보면 알 수 있습니다. 이런 사람은 다른 사람에게 받은 건 금세 잊어버립니다.

. ♦ .

> 아름다운 것은 무엇이든 그 자체로 아름답다. 칭찬이 자신이 아름다워지는 데 일조하지 않으며 그냥 거기에 끝난다. 칭찬을 받는다고 해서 더 악해지지도, 더 선해지지도 않는다(4. 20).

. ♦ .

칭찬을 받았다고 해서 가치가 높아지는 것은 아닙니다. 자신이나 자신의 행위의 가치는 평가와는 아무 관계도 없습니다. 하지만 경쟁사회, 약육강식의 시대에 아우렐리우스가 말하는 '포도나무'처럼 지낼 수 있는 사람은 많지 않을 것입니다.

칭찬을 자신의 일부로 받아들이지 않는 사람은 자신의 가치를 스스로 인정할 수 있어 타자의 칭찬을 필요로 하지 않습니다. 그런 사람은 칭찬이 평가이고 평가와 자신의 가치가 별개라는 것을 알고 있습니다. 평가받았다고 해서 자신의 가치가 높아지지 않으며, 반대로 평가를 받지 못하고 심지어 비판을 받았다고 해서 자신의 가치가 낮아지지 않는다는 것도 잘 알고 있습니다.

최근에는 직장 내 괴롭힘이 문제가 되면서 야단치는 것을 대놓고 괜찮다고 하는 사람은 줄어든 모양이지만, 칭찬을 여전히 중요한 덕목으로 꼽으며, 가정과 학교만이 아니라 기업에서도 칭찬으로 성장시켜야 한다고 주장하는 사람들이 있습니다. 하지만 칭찬받고 성장한 사람은 자신의 가치, 자신의 행동 가치를 잘 알지 못합니다.

　　황제 아우렐리우스도 곁에서 그를 찬양하며 들러붙는 사람이 많았을 겁니다. 이런 글을 남긴 것도 때로는 칭찬에 마음이 흔들렸다는 뜻이겠지요. 하지만 속이 훤히 들여다보이는 말이 덧없다는 것을 잘 알고 있었을 것입니다.

아름다운 것은 무엇이든 그 자체로 아름답다.
칭찬이 자신이 아름다워지는 데 일조하지 않으며
그냥 거기에 끝난다. 칭찬을 받는다고 해서
더 악해지지도, 더 선해지지도 않는다.

#칭찬에약한사람 #오늘내가한칭찬 #받은칭찬 #가장좋은칭찬

분노와 슬픔에서 자유로워진다

분노와 증오, 슬픔과 같은 감정은 타자가 자신에게 하는 말과 행동이나, 가까운 사람과의 이별 등으로 일어납니다. 그런데 스토아철학은 그러한 외부 작용의 영향을 받아 마음이 파도치는 것을 억누르고 분노와 슬픔 속에서도 자신을 잃지 않고 마음의 평안을 유지하는 것을 행복이라고 생각했습니다. 아우렐리우스는 이런 마음의 모습을 아파티아Apateia(부동심, ἀπάθεια)라고 했습니다. 아파티아란 '파토스Pathos(정념, πάθος)가 없다'는 뜻입니다.

+ + +

화가 나려고 할 때 화를 내는 것이 남자다운 것이 아니다. 부드럽고 온화한 것이 더 인간적이고 남성적이라는 것을 염두에 두어야 한다(11. 18).

+ + +

'염두에 두다'는 스토아철학의 사상을 행동의 지침으로 삼는다는 뜻입니다. 요즘 시대에도 버럭 소리를 지르고, 상대를 큰 소리로 비난하고, 그 자리를 강제로 굴복시키는 것이 남자답고 멋있는 행동이라고 착각하는 사람이 있습니다. 하지만 아우렐리우스는 감정적인 태도가 아닌 부드럽고 온화한 태도를 보이는 것이 남성적이고(남성에게만 해당되지는 않는다고 생각하지만) 인간적이라고 지적합니다. 이 문장은 다음과 같이 이어집니다.

· ◆ ·

강한 체력과 용기는 그런 사람의 것이지, 화를 잘 내고 불만이 많은 사람의 것이 아니다. 부동심(아파티아)에 가까워질수록 힘이 따라붙기 때문이다. 또 슬픔이 약자를 가리키는 증거이듯 분노도 약자라는 증거다. 그 사람이 어느 쪽(슬픈 사람이든 화난 사람이든)이든 그 사람은 누군가의 행동에 상처 입고 굴복한 것이다(11. 18).

· ◆ ·

슬픔을 약자의 증거라고 단정하면 가족을 잃고 슬픔에 기력을 잃은 사람에게는 악담으로 들리겠지만, 언젠가는 슬픔을 극복하고 다시 일어서야 하는 것도 사실입니다.

저는 분노가 약자의 증거라는 아우렐리우스의 지적이 옳다고 생각합니다. 부동심에 '가까워진다'는 표현에서 아우렐리우스가 분노의 정념에서 자유로워지기 어렵다는 것을 인정했다는 것을 알 수 있는 것처럼, 힘이 있는 사람은 화를 내지 않습니다.

· ✦ ·

정념에서 자유로운 정신은 요새와 같다. 왜냐하면 인간에게는 이보다 나은 난공불락의 요새가 없어 거기로 피하면 이후 흔들리지 않는 사람으로 살아갈 수 있기 때문이다. 그러니 보지 못한 사람은 무지하고, 보고도 피하지 않은 사람은 불행하다(8. 48).

· ✦ ·

분노, 증오와 같은 정념에서 자유로워지기 위해서는 주변 사람이 무슨 말을 하고 무슨 행동을 하건 마음이 술렁거리거나 날뛰지 않습니다. 또 타자가 무지해서 잘못을 저질렀다고 생각하면 분노에서도 자유로워집니다.

물론 정념에서 자유로워지기는 쉽지 않지만, 내 안에 '정신의 난공불락의 요새'가 있다는 것을 알고 정념에서 자유로워지려는 사람, 다시 말해 아파티아가 되려는 사람과 그렇지 않은 사람은 마음의 자세가 완전히 다르겠지요.

그렇다면 실제로는 어떻게 하면 좋을까. 아우렐리우스는 다음과 같이 말했습니다.

판단을 하지 마라. 그러면 '해를 입었다'(라는 판단)도 하지 않을 것이다. '해를 입었다'고 판단하지 않으면 '해를 입었다'는 일 자체도 없어질 것이다(4. 7).

+ ✦ +

설령 타인이 자신을 험담한다고 해도 그걸로 당장 자신이 해를 입는 것은 아닙니다. 자신이 누군가에게 해를 입을 것이라고 생각하는 사람은 어떤 말이나 행동도 그것을 입증하는 것으로 보입니다.

+ ✦ +

타인이 뭘 하든 바라는 건 아무것도 없다(2. 17).

+ ✦ +

타인은 자신의 기대를 채워주기 위해 사는 게 아닙니다. 그런데 기대했다가 다른 사람이 그 기대를 채워주지 않을 때 분노를 느끼기도 합니다.

·❖·

> 내가 그들(잘못을 저지른 사람) 중 누구에게도 해를 입었다
> 고 할 수 없다. 어느 누구도 나를 추악한 것으로 덮을 수는 없
> 기 때문이다(2. 1).

·❖·

이 문장은 플라톤의 《소크라테스의 변명》◆11에 나오는 '선한 사람에게는 살아있을 때도 죽은 후에도 악한 것은 하나도 존재하지 않는다'라는 말을 떠올리게 합니다. 일단, 확고한 정신의 요새를 구축하면 타자의 비난이나 배신도 '외부'에 있는 것이고 '내부'에 있는 나는 영향을 받지 않는다는 말입니다.

·❖·

> 끊임없이 파도치는 땅 위에 서있어라. 버티고 서서 그 주변에
> 부서지는 물보라를 잠재워라(4. 49).

·❖·

그는 자신이 도달하고 싶은 경지를 이런 말로 표현했습니다. 타인이 무엇을 하고 무엇을 말했는지는 '자신'이라는 땅 위에 밀려와 산산이 부서지는 파도와 같은 것입니다. 꿋꿋이 버티고 서있으면 물에 젖기만 하고 물보라를 잠재울 수 있습니다. 그러

니 시기, 질투, 근거 없는 비판과 비난. 그런 잡음이 들려도 아우렐리우스가 말한 대로 꿋꿋이 버티고 서있었으면 합니다.

분노하고 증오하는 것은 자연과 일치되어 사는 모습이 아니라고 아우렐리우스는 지적하지만, 적지 않은 사람들이 그런 삶을 사는 게 쉽지 않다고 생각할 것입니다. 많은 사람들이 그렇게 생각하겠지요. 그러면 안 된다는 걸 알면서도 자신도 모르게 버럭 화를 내거나, 다른 사람에게 못되게 굴었다면 그것은 그저 변명에 불과합니다. 그렇다면 안다고도 할 수 없는 일이지요.

화내는 것에 대해 말하자면, 아우렐리우스는 분노를 '누를 수 있고 컨트롤할 수 있는 것'으로 보지 않았습니다. 그 대신, 득실의 관점에서 '분노가 득이 되지 않는다(선이 아니다)는 것'을 알면, 분노에서 자유로워질 수 있다고 생각했습니다. 앞에서 본 요새도, 땅 위도, 정념에서 자유로워진 자신을 상상하고 쓴 것일 테지요.

일단은 이해한 것 같아도 그 이해가 지속되지 않을 때가 있습니다. 아우렐리우스 또한, 주변에 있는 사람이 실수를 저지르면 심하게 다그치고 싶을 때도 있었을 것입니다. 앞에서도 인용했지만,

* ✦ *

네가 화를 내도, 그들은 같은 행동을 할 것이다(8. 4).

* ✦ *

그런 일이 있는 날은 노트에 적어두고 화를 내어도 의미가 없는 것이라고 스스로를 타일렀는지도 모릅니다. 독자인 우리도 반복해서 쓰여있는 아우렐리우스의 말을 읽을 때마다 자신을 돌아볼 수 있습니다.

《명상록》을 읽고 마음에 남는 말이 있으면 그것을 써두어도 좋겠지요. 아우렐리우스를 따라 노트에 매일의 생각을 적어볼 수도 있습니다. 그렇게 하면 자신을 객관적으로 볼 수 있고 부글부글 끓어오르는 생각을 진정시킬 수 있을 것입니다.

시몬 베유◆¹²는 고등중학(리세)에서 철학을 가르칠 때, 학생들에게 다양한 주제로 글쓰기 과제를 내준 뒤 그것을 꼼꼼하게 읽고 첨삭해 주었습니다. 학생에게 글쓰기를 장려했듯이, 그녀 자신도 글쓰기를 게을리하지 않으며 막대한 원고와 편지, 노트를 남겼습니다. 아우렐리우스와 베유에게 자신과 마주하고 대화를 나누며 사색을 글로 적는 시간은 더할 나위 없이 행복한 시간이었습니다. 설령 가혹한 현실 속에 있다 해도 말이지요.

이 장에서는 타자라는 '외부'에 있는 근심거리를 어떻게 대처하는지 살펴보았습니다. 근심으로부터 자유로워지기 위해서는 모든 사람이 협력하고 사는 '동지'라는 시각을 갖고, 자신을 해치려는 사람도 있지만 자신도 같은 실수를 할 수 있다는 것을 자각해야만 분노라는 감정에서도 자유로워질 수 있다는 것을 알았습니다.

인간관계를 제외하고 외부에 있는 근심거리가 하나 더 있습니다. 바로 재해, 질병, 노화와 같은 역경입니다. 다음 장에서는 끝이 보이지 않는 전쟁과 자식의 죽음 등, 수많은 어려움과 슬픔을 겪은 아우렐리우스가 그러한 역경과 어떻게 마주하려 했는지 살펴보겠습니다. 인생의 고난을 어떻게 마주해야 하는지 생각해 봅시다.

판단을 하지 마라.

그러면 '해를 입었다'(라는 판단)도 하지 않을 것이다.

'해를 입었다'고 판단하지 않으면

'해를 입었다'는 일 자체도 없어질 것이다.

_____

_____

_____

_____

_____

_____

#판단금지 #보이는게다가아님 #버리고싶은감정 #기대버리기

→ **주석** ├──────────────────────────────────

◆ **1 프로이트**

지그문트 프로이트Sigmund Freud(1856년~1939년). 오스트리아의 정신과의사이자 정신분석의 창시자. 히스테리를 연구하는 과정에서 '무의식'의 존재를 확신했다. 자유연상법을 통해 무의식의 역동적 과정과 구조를 연구하고 치료 기술이 자 심층심리학이기도 한 정신분석을 확립했다. 저서로 《꿈의 해석(Die traum deutung)》 《정신분석 강의(Vorlesungen zur einführung in die psycho analyse)》 등이 있다.

◆ **2 융**

카를 구스타프 융Carl Gustav Jung(1875년~1961년). 스위스의 정신 의학자. 처음에는 프로이트와 가까이 지냈으나 리비도 개념(프로이트는 성본능이라고 봤으나 융 은 심적에너지로 보았다)에 관한 이견으로 결별했다. 훗날 '집단무의식' '원형 Archetype' 등의 개념이 바탕이 된 분석심리학을 창시했다. 저서로 《융합의 신비 (Mysterium coniunctionis)》 등이 있다.

◆ **3 아비디우스 카시우스**

Avidius Cassius(?~175년). 시리아 출신의 군인이자 정치가. 일설에 따르면 율 리우스 카이사르를 암살한 주모자인 가이우스 카시우스와 같은 일족 출신이라 고 한다. 파르티아 전쟁(162년~166년), 이집트 민중 폭동 진압(172년)으로 아우 렐리우스의 신임을 얻어 시리아 총독에 임명되고 동방 전체의 감독권을 얻지만 여기에서 반란을 일으켰다.

◆ **4 소크라테스**

고대 그리스의 철학자(기원전 469년경~기원전 399년). 자신의 무지를 알고 지 를 추구하는 '애지(愛知)'야말로 인간이 존재하는 진정한 이유로 보았다. 오직 대화를 통해 상대를 무지함을 일깨우는 과정이 플라톤의 대화편에 생생히 묘사되어 있다. 대화편 《메논》의 부제는 '덕에 관하여'다. '인간의 덕이란 과연 다른 사람에게 가르쳐줄 수 있는 것인가'라고 묻는 청년 메논과의 문답으로 구성되었다.

◆ 5 이웃 사랑

기독교에서는 이웃 사랑(형제애)이 하느님에 대한 사랑(첫 번째 속박)과 불가분의 관계(두 번째 속박)에 있으며 실천을 통해 법률의 모든 윤리적 요구를 채울 수 있다고 본다. '눈에 보이는 그 형제를 사랑하지 않는 자는 눈에 보이지 않는 하느님을 사랑할 수 없으니라(<요한 1서> 4장 20절).'

◆ 6 '노골적인 반항 정신'

'영혼이 소멸되든 흩어지든 존속하든 육신에서 분리될 때, 그러기를 각오한 영혼은 얼마나 근사한가. 허나 그런 각오를 할 때는 자신의 판단이어야지, 기독교 신자들처럼 노골적인 반항 정신이 바탕에 있어서는 안 된다. 신중하고 위엄 있는 태도여야 하며, 다른 사람을 설득해야 할 때는 과장되지 않은 진실된 태도여야 한다(11. 3).'

◆ 7 공동체 감각

아들러는 더 보편적Common 판단이라는 의미에서 공통감각Common sense의 유용성·중요성을 중시했다. 가령, 이 세상에 한 사람만 있다면 언어도 논리도 필요 없겠지만, 타자를 이해하고 의사소통하기 위해서는 공감을 통해 부여된 의미가 사적인 것을 넘어서지 않으면 안 된다. 그래서 생겨난 개념이 '타자를 친구로 보는 의식', 다시 말해 공동체 감각이다.

◆ 8 공격 본능

프로이트는 논문 <쾌락 원칙을 넘어서(Beyond the pleasure principle)>(1920)을 발표하고 인간의 욕동(본능)을 둘로 나눴다. 하나는 삶을 보존하려는 '삶의 욕동(에로스Eros)'이고 다른 하나는 죽음으로 향하려는 '죽음의 욕동(타나토스Thanatos)'이다. 자신을 포함, 파괴하고 살해하려 한다는 의미에서 공격 욕동·파괴 욕동이라고도 한다.

◆ 9 홉스

토머스 홉스Thomas Hobbes(1558년~1679년). 영국의 철학자이자 정치 사상가. 청교도혁명이 일어났을 때, 왕당파로 찍혀서 프랑스로 망명(1640년~1651년), 그곳에서 주요 저서인 《리바이어던》을 집필했다. 귀국 후에는 무신론자란 비난을 받고 다수의 논쟁에 뛰어들어 싸웠다. 만년에는 저작물의 간행을 금지당했다.

◆ 10 '만인의 만인에 대한 투쟁'

홉스가 《리바이어던(Leviathan)》(1651)에서 분석한 자연상태의 사회. 인간은 태어나면서 평등하지만 그로 인해 경쟁이 발생하고 불신이 싹터 전쟁이 일어난다. 다시 말해 '자신들 모두를 두렵게 하는 공통 권력이 없을 때, 인간은 전쟁이라 불리는 상태, 개인의 개인에 대한 전쟁상태에 있다'고 말했다(제13장).

◆ 11 《소크라테스의 변명》

기원전 399년, '청년을 부패 타락시키고 나라에서 인정한 신들을 인정하지 않는다'라는 죄목으로 고발당한 소크라테스가 아테네 법정에서 펼친 변론을 적은 책. 법정에서 그 과정을 전부 지켜봤던 스물여덟의 젊은 플라톤은 소크라테스가 형을 받고 죽자 본편을 썼다.

◆ 12 시몬 베유

Simone Weil(1909년~1943년). 프랑스의 여성 철학자. 유대인 의사 집안에서 태어나 고등사범학교를 졸업한 뒤, 고등중학(리세)에서 철학 교사가 된다. 하지만 휴직하고 공장에 들어가 여공으로 일하고 의용군으로 스페인 내전에 참전하는 등 실천을 통해 자신의 사상을 검증하면서 머지않아 기독교에 심취한다. 제2차 세계대전이 일어나자, 저항운동에 참여하기 위해 런던으로 건너갔다가 그곳에서 병사한다. 저서로 《중력과 은총(La pesanteur et la grâce)》《신을 기다리며(Attente de dieu)》《뿌리내림(L'enracinement)》 등이 있다.

3 장

'고난'과
마주한다

Marcus Aurelius

포기하지 않을 용기

젊어서 차기 황제로 지명받고 철학자가 되는 길이 가로막힌 마르쿠스 아우렐리우스. 설상가상으로 제국 운영에는 수많은 난관이 기다리고 있었습니다. 변방 민족의 침입, 가신의 배신을 비롯해 공동 황제 루키우스 베루스를 허무하게 잃고 아내와 아이들을 먼저 떠나보내는 불행도 겪어야 했습니다. 그 일이 매일 격무에 시달리던 그에게 불안 요소로 작용하지 않았을까 상상해 봅니다. 본의 아니게 제위에 올라야 하는 운명. 내 몸에 닥친 많은 시련과 고난. 보통의 사람이라면 '나는 무리야' '하필이면 왜 내가' 하고 괴로워했겠지요.

너 자신에게 해내기 어려운 일이 있다고 해서 그것이 다른 사람에게도 해낼 수 없는 일이라고 생각해서는 안 된다. 그보다 다른 사람이 해내기에 딱 맞는 일이라면 너도 해낼 수 있다고 생각하라(6. 19).

+ ◆ +

'서문'에서도 인용했지만, 이 말은 누구나 해낼 수 있다는 뜻으로 한 말이 아닙니다. 불가피한 일, 가령, 부모를 잃거나 나이 들고 병에 걸리는 일은 견딜 수 없는 시련이지만 자신만 처음 겪는 일이 아니며, 앞선 세대가 모두 극복해 왔으니 너도 극복할 수 있다는 뜻으로 한 말입니다. 이것은 순진한 낙관론이 아닙니다. 감당하기 힘들게 느껴지는 일이 있더라도, 설사 그것이 실제로 감당하기 힘든 일이라 해도, 그 일을 너만 처음 겪는 것은 아니니 용기를 내서 앞으로 나아가라고 스스로를 채찍질하는 말입니다.

물론 인생의 중대사가 아니어도 입학시험이나 국가시험 등을 앞두고 긴장하고 불안해하는 학생들에게, 저는 시험이 어려운 건 사실이지만 많은 사람이 돌파한 관문이니 도전하기도 전에 '난 무리야' 하고 도망칠 필요가 없다고 말해줍니다. 아무리 공부를 열심히 해도 시험을 보고 떨어질 수가 있습니다. 하지만 시험에 떨어졌다 해도, 많은 사람들이 그런 역경을 딛고 다시 일어났다는 것을 알면 절망하지 않을 것입니다.

실패할까 봐 두려워서 시작도 전에 이런저런 이유를 들며 피하지 말고 도전하라, 그 결과를 받아들이고 필요하면 재도전하라, 아우렐리우스의 말에는 이런 의미도 들어있습니다.

너 자신에게 해내기 어려운 일이 있다고 해서
그것이 다른 사람에게도 해낼 수 없는 일이라고
생각해서는 안 된다. 그보다 다른 사람이 해내기에
딱 맞는 일이라면 너도 해낼 수 있다고 생각하라.

#내가생각해도기특해 #못할줄알았는데 #해낸일 #도전하고싶은일

슬픔과 고난 속에서 자신을 잃지 않는다

이렇게 인간은 어려운 과제에 도전했다가 원하는 결과를 얻지 못하고 힘들어하기도 합니다. 그래도 이 경우는 스스로 어려운 과제에 도전한 것이라서 그럭저럭 마음을 다잡을 수 있습니다. 그런데 자신의 의사와 상관없이 외부에서 난데없는 시련이 닥치면 마음에 큰 상처를 입기도 합니다. 부모를 잃거나 아이를 먼저 보내고, 아니면 재해와 불의의 사고로 가족과 친구를 갑작스레 잃거나 가산을 전부 잃는 식으로 말이지요.

자신이나 가족이 죽을지도 모를 병에 걸린 걸 알았을 때도 말로는 표현할 수 없는 절망감과, 일이 손에 잡히지 않을 만큼 큰 슬픔에 빠집니다. 내일이라는 날이 당연히 올 것이라 생각했는데, 그것이 결코 자명하지 않다는 생각에, 시간이 멈춘 것처럼 느껴집니다. 그런 일은 누구에게나 일어날 수 있습니다.

+ ◆ +

본성이 감당하지 못하는 일은 누구에게도 일어나지 않는다.
다른 사람들에게도 똑같은 일이 일어나지만 일어난 걸 모르
거나, 고매함을 과시하느라 해를 입어도 태연한 척한다. 무지
와 허세가 사려보다 강력하다는 것은 조금 무섭다(5. 18).

+ ◆ +

아우렐리우스는 인간이 감당할 수 없는 일은 원래 절대로
일어나지 않는다고 말합니다. '무지와 허세가 사려보다 강력하
다'는 것은 이런 의미입니다. 자신에게 무슨 일이 일어났는지 모
르는 것은 '무지'입니다. 그런 사람이 실제로 있을지 모르겠지만.
고매함을 과시하느라 해를 입어도 태연한 척하는 것이 '허세'입
니다. 그에 반해 사려 깊은 사람은 어떠한 시련이 닥쳐도 거기에
맞서 아무 일도 일어나지 않은 척 허세를 부리지 않습니다. 이러
한 자세는 그 시련을 감당해 내겠다는 것을 뜻합니다.

2장에서 다음 문장을 인용했습니다.

끊임없이 파도치는 땅 위에 서있어라. 버티고 서서 그 주변에
부서지는 물보라를 잠재워라(4. 49).

+ + +

이 뒤에는 다음과 같은 글이 이어서 나옵니다.

+ + +

'이런 일이 일어나다니 나는 불행하다.' 그렇지 않다. '그런
일이 일어났는데도 쓰러지지 않고 미래를 두려워하지도 않
고, 힘들어하지도 않고 멀쩡하게 있을 수 있다니 나는 행복하
다.' 그런 일은 누구에게나 일어날 수 있지만, 그렇다고 모두
가 힘들어하는 것은 아니기 때문이다(4. 49).

+ + +

슬픈 일, 힘든 상황에 직면했을 때, 많은 사람들이 '나는 불행
하다'고 생각합니다. 하지만 그런 일이 일어나서 불행한 것이 아
니다, 비운에 쓰러지지 않고 '나는 앞으로 어떻게 될까?' 미래를
생각하며 힘들어하지 않는 것이 행복이라고 아우렐리우스는 말
합니다. 불행의 한복판에 있는 사람에게는 상상할 수도 없는 견
해인지도 모릅니다. 아우렐리우스는 다음과 같이 마무리합니다.

＊◆＊

앞으로 너에게 슬픈 일이 찾아들 것 같으면 늘 다음의 원리가
작동된다는 것을 기억하라. 그것은 불행한 일이 아니다. 품격
있게 견뎌낼 수 있으니 외려 행복한 일이다(4. 49).

＊◆＊

슬픈 일이 일어나는 것은 피할 수 없습니다. 문제는 그것을
어떻게 받아들여야 하는가, 하는 것입니다. 앞서 인용한 글에서
는 힘들어하지 않고 멀쩡하게 있을 수 있는 것이 행복이라고 말
해놓고, 여기서는 '품격 있게 견뎌내는' 것이 행복이라고 말합니
다. 견디지 않으면 안 될 정도로 마음에 큰 영향을 받았다는 뜻
이지요. 파도는 끊임없이 밀려옵니다. 하지만 그 파도를 품격 있
게 받아들일 수 있으면 이윽고 물보라는 잠잠해집니다.

소중한 사람의 죽음을 보고 슬퍼하지 않는 것이 품격 있게
견딘다는 뜻은 아닐 겁니다. 어머니가 죽었을 때, 어머니의 시신
과 함께 병원에서 집으로 돌아온 나를 본 아버지가 나중에 '뒤를
따라가지 않을까 걱정했다'고 말했습니다. 얼굴이 핼쑥해질 정
도로 힘들었지만 저는 절대로 사람들 앞에서 울어서는 안 된다
고 생각했습니다. 하지만 지금은 슬픔을 봉인하는 것이 도리어

어머니의 죽음을 딛고 다시 일어나는 것을 늦추었다고 생각합니다.

일전에 한국에서 강연을 했을 때의 일입니다. 당시 세월호 사건◆1의 충격으로 여전히 많은 사람들이 슬픔에 빠져있던 상황에서 저는 이런 말을 했습니다.

"그 비통한 사건으로 많은 생명을 잃었으니 슬프지 않을 리 없겠지요. 다만 세상을 떠난 이가 지금도 내 가족이 슬픔에 빠져 밥도 먹지 못하고 일도 하지 못하는 모습을 혹시라도 지켜보고 있다면 과연 기뻐할까요. 슬픔은 바로 치유되지 않습니다. 그래도 전보다 조금이라도 다시 일어서서 살려고 하는 모습을 본다면 죽은 사람도 안도하지 않을까요."

슬픔을 '품격 있게 견딘다'고 해서 슬퍼하지 않는 게 아니고 슬픔에 잠겨있어도 그 안에서 자신을 잃지 않으면 언젠가는 다시 일어설 것이라고 저는 생각합니다. 자연재해와 인재를 똑같이 받아들일 수는 없습니다. 이에 대해서는 4장에서 살펴보겠습니다.

비운에 쓰러지지 않고

'나는 앞으로 어떻게 될까?' 미래를 생각하며

힘들어하지 않는 것이 행복이라고

아우렐리우스는 말합니다.

'선악무기(善惡無記)'에 집착하지 않는다

슬픔, 고통, 분노와 같은 정념에서 자유로워지려면, 또 외부에서 닥친 고난을 이겨내려면 어떻게 해야 할까요. 이에 대해 아우렐리우스는 《명상록》에 몇 가지 힌트를 남겼습니다.

‧✦‧

더없이 멋지게 사는 힘은 선악을 구분하는 '선악무기(善惡無記)'에 무관심한 그 영혼 속에 있다. 그러한 것 하나하나를 부분적, 전체적으로 보면 그러한 것들이 우리에게 판단을 강요하지 않고, 우리에게 다가오지도 않는데, 우리가 그것에 대해 판단한다. 그 판단을 종이에 쓰지 않아도 되고, 썼다 해도 어차피 지워질 거라는 것을 기억하면 그것에 대해 무관심해질 수 있을 것이다(11. 16).

‧✦‧

'선악무기에 무관심'하다면 더할 나위 없이 멋지게 살 수 있다고 아우렐리우스는 말합니다. 선악무기는 그 자체는 선도 악도 아니라는 뜻입니다. 가령, 재산, 지위, 성공, 나아가 외모, 건강 등은 언제 잃어버릴지 아무도 모릅니다. 건강한 사람이라도 언제 병에 걸려 건강을 잃을지 알 수가 없습니다. 돈이 많아도 방탕하게 살다 신세를 망칠 수도 있습니다.

반대로 질병이나 부모를 잃는 등 보통은 안 좋게 느껴지는 일도 그 자체가 나쁜 것은 아닙니다. 자연재해도 언제 당할지 아무도 모르지만 그것을 어떻게 대처하느냐는 스스로 결정할 수 있습니다. 품격 있게 견딜 수 있는 사람이 있는가 하면 그렇지 않은 사람도 있다는 뜻입니다.

무엇이 선이고 악인지를 판단하는 이성이 올바로 작동하는 상태를 그리스어로는 '아레테^Arete(ἀρετή)'라고 합니다. 일본에서는 아레테를 '덕'으로 해석하지만, 선한 사람이라고 할 때의 '선'에, '우수한 것'이라는 의미입니다.

무얼 보고 선한 사람이라고 하는가, 어떤 사람이 우수한가는 시대와 사회에 따라 다릅니다. 아우렐리우스에게 큰 영향을 미친 소크라테스가 나오는 플라톤의 대화편에는 무엇이 선이고 악인지 올바로 판단할 수 있게 해주는 것으로 아레테가 나옵니다.

이러한 덕, 아레테가 보통 '선'으로 꼽히는 재산, 지위, 성공 등과 함께 오면 선이 됩니다. 반대로 '덕'이 따라오지 않으면 재산, 지위, 성공을 거머쥐어도 불행해집니다. 뒤에서 살펴보겠지만, 삶과 죽음도 그 자체는 선도 악도 아닙니다. 그런 선악무기에 '무관심'해지라고 아우렐리우스는 말합니다. 선으로 보이는 것을 얻는 것도, 잃는 것도 그 자체로는 선도 악도 아니기 때문입니다.

선악무기에 대해 판단하지 말라는 이유는, 가령 4장에서 죽음에 관해 설명하겠지만, 죽음을 공포의 대상으로 보지 말라는 그 자체가 선도 악도 아닌데도, 가치판단을 하면 거기에 사로잡혀서 자유롭게 살지 못하게 되기 때문입니다.

자연재해도 언제 당할지 아무도 모르지만

그것을 어떻게 대처하느냐는

스스로 결정할 수 있습니다.

#고난에 대처하는 법 #스스로결정하기 #나의삶의방식은 #내가정한다

운명을 받아들인다

+ ✦ +

일어나는 모든 일이 어렵고 힘겹게 느껴져도 기꺼이 받아들
여라(5. 8).

+ ✦ +

살다 보면 돌부리에 걸려 넘어질 때도 있고 벽에 부딪힐 때
도 있겠지요. 이 장에서 처음으로 인용한 문장 중에 '그보다 다
른 사람이 해내기에 딱 맞는 일이라면 너도 해낼 수 있다고 생각
하라(6. 19)'가 있었는데, 여기서는 '일어나는 모든 일'을 받아들
이라고 말합니다. 아우렐리우스는 왜 힘들게 느껴져도 전부 기
꺼이 받아들이라고 말하는 것일까요?

＊＋＊

일어날 일은 전부 일어나게 되어있다(4. 10).

＊＋＊

자연을 따르면 나쁜 일은 하나도 일어나지 않는다(2. 17).

＊＋＊

'일어날 일은 전부' 일어나게 되어있고 그것이 운명이라고
생각했기 때문입니다. 그래서 아무리 힘들게 느껴져도 그 전부
를 '받아들이라'고 말한 것입니다.

＊＋＊

일어나는 일들을 자신의 의지대로 따르는 것은 이성적인 동
물에게만 허락된다(10. 28).

＊＋＊

그것도 그냥 받아들이는 것이 아니라, 여기서는 '자신의 의
지대로 따른다'는 표현을 씁니다. 앞서 1장에서도 인용했지만,

자신에게 주어진 것(운명)을 사랑하고 환영하라(3. 16).

라는 말도 했습니다. 독일의 철학자 니체♦² 는 이를 '운명애'♦³ 라고 표현했습니다.

'인간의 위대함을 보여주는 나의 공식은 운명애다. 어떤 상황에서든 다른 것이 존재한다고 생각하지 않는다, 미래에도 과거에도 영원 전체에도. 필연적인 것을 견뎌낼 뿐만 아니라 감추려고도 하지 않는다. 모든 이상주의는 필연적인 것 앞에서 거짓이다. 그러니 필연적인 것을 사랑하는 것이다(《이 사람을 보라(Ecce homo)》).'

니체에 따르면, 이 세상에 존재하는 것은 모두 필연적으로 존재하는 것이며 지금 존재하는 것은 다른 모습이 아닙니다. 그리고 이것이 앞으로 영원토록 반복되는 것입니다. 이는 아우렐리우스와 아주 흡사한 생각입니다.

하지만 일어날 일은 일어나게 되어있으니 전부 받아들이고 사랑하라는 아우렐리우스의 사상, 운명을 순순히 받아들이라는 니체의 운명애적 사상에 거부감을 느끼는 사람도 있을 것입니다. 저도, 저에게 닥친 불행, 자연재해, 나아가서는 이 세상에 있는 모든 안 좋은 일들이 '전부 일어날 만해서 일어난다'고는 생각하지 않습니다. 만약 우리에게 일어나는 일이 모두 '자연에 따라서' '일어나게 되어있다'라고 한다면 부당하고 불행한 일은 일어나지 않으며 악도 존재하지 않을 것이기 때문입니다.

자신에게 주어진 것(운명)을
사랑하고 환영하라.

악의 존재

이 세상에서 자연재해 등으로 소중한 사람을 잃는 비극이 일어나서는 안 된다고 생각합니다. 하지만 현실에서는 많은 사람이 비참한 사건, 자연재해로 목숨을 잃으며, 남은 가족도 씻기 어려운 상처를 입습니다.

정신과의사 R.D. 랭◆4은 자서전에서 종교 철학자 마르틴 부버◆5의 다음과 같은 일화를 인용했습니다(R.D. 랭, 《지혜와 광기, 어리석음(Wisdom, madness and folly)》).

'부버가 강연대 맞은편에서 인간의 조건이니 하느님이니 아브라함과의 계약에 대해 이야기를 하다가 갑자기 앞에 있던 크고 무거운 성서를 두 손에 들고 머리 위로 최대한 높이 치켜들었습니다. 그리고 강연대 위에서 내동댕이치더니 두 팔을 위로 쭉 뻗은 채 이렇게 절규했습니다.

"강제수용소에서 지금 대학살이 일어나고 있는데 이 책이 다 무슨 소용이란 말인가!"

유대교 신자였던 부버는 하느님이 유대인에게 자행한 일에 분노했던 것입니다. 하느님이 창조한 이 세계에서 유대인 대학살은 일어나서는 안 되는 일이었습니다.

이 세상에 악이 존재하는 것과 하느님이 선하고 전능하다는 것이 양립할 수 있느냐는 물음에 랍비◆6(유대교 교사)인 H.S. 쿠시너◆7는 하느님은 선하되 전능하지는 않아서 악의 원인이 아니라고 보았습니다(H.S. 쿠시너, 《왜 착한 사람에게 나쁜 일이 일어날까(When bad things happen to good people)》).

현실에서는 많은 사람이 비참한 사건,

자연재해로 목숨을 잃으며,

남은 가족도 씻기 어려운 상처를 입습니다.

운명을 '자유의지'로 받아들인다

이러한 쿠시너의 생각이 옳은지 아닌지와는 별개로 현실에서는
불행한 사건이 일어납니다. 그렇다면 나와 가족에게 '왜 이런 일
이 일어났을까'라는 과거와 고통에 초점을 맞춘 질문이 아니라
미래를 향한 질문을 해야 한다고 쿠시너는 말합니다. '지금 이런
일이 일어났다. 그렇다면 이에 맞서 나는 무엇을 해야 하는가.'
그리고 '고통을 견디고 이겨내기 위해 힘과 용기를 주는 것은 하
느님이다'라는 말도 합니다.

질병, 자연재해, 사고, 범죄 피해 같은 불행이 내게 언제, 어
떤 형태로 닥칠지 아무도 모릅니다. 그게 운명이라면 운명에서
벗어날 수는 없겠지만 운명에 어떻게 맞서느냐는 스스로 선택할

수 있습니다.

운명을 수동적으로 감수하려 해서는 안 됩니다. 주어진 상황에서 어떻게 사느냐는 스스로 결정할 수 있으니까요.

쿠시너는 아이가 난치병에 걸려 십대 초에 죽을 것이라는 선고를 받고서 왜 이런 말도 안 되는 일이 내 가족에게 닥친 것이냐, 왜 이런 운명을 아이가 짊어져야 하는 거냐며 괴로워했습니다.

젊고 건강한 사람이라도 언제 병에 걸릴지 모릅니다. 그럴 때, 많은 사람들이 '왜 내가'라고 생각하겠지요.

제가 심근경색으로 병원에 실려갔을 때가 나이 쉰이었습니다. 일하다 불규칙한 생활을 한 적은 있었지만 담배도 피우지 않고 술도 마시지 않고 과식도 하지 않았는데, '왜 내가'라고 생각했던 기억이 납니다. 주치의도 제게, '다른 사람은 아무 탈 없이 사는데 왜 나만 이렇게 불행한가'라는 약간의 피해의식이 있어 보인다고 말했습니다.

하지만 인간은 운명적 사건으로 타격을 입고 쓰러져도 시간은 걸릴지언정 거기에서 다시 일어설 힘이 있습니다. 저는 거기에 인간의 존엄이 있다고 생각합니다. 병으로 쓰러지면, 그 사실은 이제 바꿀 수 없으니 '지금 여기'에 있는 현실에서 시작하는 수밖에는 없는 것입니다.

저는 상담을 받으러 오는 사람에게 과거에 있었던 일이 원인이 되어 지금 이렇게 됐다고 말하지 않습니다. 과거로 돌아갈 수 없기 때문입니다. 병에 걸리고 싶은 사람은 한 사람도 없습니다. 자연재해도 당하지 않을 수 있으면 안 당하는 게 좋겠지요. 하지만 그런 경험을 통해서도 뭔가를 배울 수 있습니다. 그때까지 표면상으로는 타자와 잘 지내면서도 속으로는 틈만 나면 자신을 위험에 빠트리지 않을까 의심하던 사람도 그의 곁에 자신에게 힘이 되어주는 사람이 있다는 것을 알면, 타자와 이 세계를 보는 시선이 달라질 것입니다. 병에 걸리는 것에 가치가 있다고 한다면 그것은 이러한 일상의 작은 행복을 깨닫고 '착하게 사는 것'에 대해 생각할 기회를 준다는 것이라고 생각합니다. 단, 병에 걸린 사람에게 "괜찮아, 넌 불행하지 않아. 그 경험이 앞으로 네 인생에 도움이 될 거야"라는 말을 해서는 안 됩니다. 그것은 병에 걸린 당사자만이 자신에게 할 수 있는 말이기 때문입니다.

실은 여기에 운명론이 안고 있는 문제가 하나 더 있습니다. '일어나는 모든 일이 어렵고 힘겹게 느껴져도 기꺼이 받아들여라(5. 8)'라는 말을 정치인이 할 경우에, 그것만큼 위험한 말도 없다는 것입니다. 이런 말은 결코 타자가 해서는 안 될 말입니다. 그리고 정말로 감수해야 할 운명인지도 확인할 필요가 있습니다. 4장에서 살펴보겠지만, 병에 걸리고 재해가 일어난다면 손을 놓고 가만히 지켜만 볼 수는 없겠지요. 하물며 인재를 당했을 때, 그런 것까지 견뎌내라고 말해도 되는 사람은 없습니다.

'일어나는 모든 일이 어렵고 힘겹게 느껴져도

기꺼이 받아들여라'라는 말을 정치인이 할 경우에,

그것만큼 위험한 말도 없습니다.

이런 말은 결코 타자가 해서는 안 될 말입니다.

#말실수 #조언하기전에한번더생각 #지금꼭듣고싶은말 #최고의위로는

고난을 받아들일 수 있는 힘을 믿는다

《명상록》에는 운명을 논하는 글이 많습니다. 그토록 여러 번 운명에 대해 생각하고 언급한 것을 보면 아우렐리우스도 자신이 운명에 농락당한다고 느낀 적이 있다는 뜻이겠지요. 앞에서 본 것처럼, 아우렐리우스는 여덟 명이나 되는 아이와 아내를 먼저 떠나보냈습니다. 지금처럼 의학이 발달하지 않은 시대였다고 해도 그러한 현실을 받아들이기는 쉽지 않았을 것입니다.

우울증에 걸린 사람에게 이런 조언을 한 적이 있습니다.

"우울증에 대한 공포는 급강하하는 롤러코스터에 탔을 때 느끼는 공포에 버금갑니다. 하지만 무섭다고 롤러코스터를 중간에

멈춰버리면 올라가려는 관성을 잃게 됩니다. 반대로 하강 에너지를 온전히 다 받으면 그 기세를 타고 기어올라 갈 수 있습니다."

쉬운 일은 아니지만 사는 힘은 '영혼 속에 있다(11. 16)'고 아우렐리우스도 썼듯이 인간에게는 고난을 받아들이는 힘이 있다고 믿는 것이 중요합니다. 그 힘을 믿지 못하면 가령, 심각한 병에 걸린 가족에게 병세를 알려주기도 어려워집니다.

어머니가 뇌경색으로 쓰러졌을 때, 의사는 어머니에게 직접 증상을 설명하지 않고 아버지에게 현재 상황과 앞으로의 방침을 알려주었습니다. 예후가 좋아 진단 결과도 좋지 않을까 기대했지만 의사의 설명은 그렇지 않았습니다. 의사는 어머니의 상태가 썩 좋지 않다고 말했습니다. 저는 의사에게 들은 말을 어머니에게 그대로 전해줘서는 안 된다고 생각했습니다. 어머니가 그 설명을 받아들일 수 있을 것이라고 믿지 않았기 때문입니다. 하지만 아버지가 설명을 듣고 병실로 돌아왔을 때, 어머니는 자신의 병이 심각하다는 것을 바로 눈치챘습니다.

호스피스 치료에 관해 야마자키 후미오◆8는 다음과 같이 말합니다.

"분명히 이런 무겁고 고통스러운 정보를 감당하지 못하는 사람도 있겠죠. 그러나 그러한 모진 운명을 받아들이고 자기 나름대로 이겨내는 사람들도 분명히 존재한다는 사실을 잊어서는 안 됩니다(《병원에서 죽는다는 것(病院で死ぬということ)》)."

물론 남은 수명이 얼마 남지 않은 것을 알고 충격을 받지 않는 사람은 없을 것입니다. 배려 없이 선고해서 상처 입는 환자도 있습니다. 하지만 가족이라고 해도 병에 걸린 사람의 인생을 대신 살아줄 수는 없습니다. 환자로 지내본 경험에서 말하자면 내게 현실을 받아들일 힘이 있다고 가족들이 믿어준 것이, 운명을 받아들이는 데 힘이 됐다고 생각합니다.

앞에서 인용한 '그것은 불행한 일이 아니다. 품격 있게 견뎌낼 수 있으니 외려 행복한 일이다(4. 49)'는 실로 아우렐리우스가 인간을 얼마나 신뢰했는지를 입증해 주는 문장이라고 생각합니다.

사는 힘은 '영혼 속에 있다'고

아우렐리우스도 썼듯이 인간에게는

고난을 받아들이는 힘이 있다고 믿는 것이 중요합니다.

#고난을이겨내는힘 #오늘의고난 #내일의극복 #나를살게하는존재

과거를 뒤돌아보지 않고 미래를 걱정하지 않는다

생명에 지장을 주는 병이나 엄청난 자연재해를 겪으면 어제까지의 일상이 별안간 날아가 버립니다. 하지만 아무리 슬퍼해도 과거로 돌아갈 수는 없습니다.

중학교 2학년 때에 교통사고를 당했습니다. 그때 저는 뼈가 부러져 침대에서 꼼짝도 하지 못하는 상황에서 '만약 그때, 그 시간에 그 길을 가지 않았더라면' 하고 후회했습니다. 하지만 과거를 돌아보고 아무리 후회한들, 사고를 당해서 골절당하기 전으로는 돌아갈 수 없었습니다. 이때, 저는 앞으로 남은 시간은 '거저 얻은 인생'이라고 생각했습니다. 그리고 다시 수십 년이 흘러 또 한 번 앞으로 남은 인생도 '거저 얻은 인생'이라 생각했습니다. 이때의 심경은 4장에서 말해보려 합니다.

＋＋＋

> 흐름과 변화가 우주를 끊임없이 새롭게 한다. 끊임없이 지나
> 가는 시간 흐름이 영원한 시간을 늘 갱신하듯이(6. 15).

＋＋＋

자신을 둘러싼 미시적 상황도 거시적 우주도 끊임없이 변화하며 멈춰있지 않습니다. 그러니 '변화'를 받아들이는 수밖에 없습니다. 어제와 같은 일상이 오늘도 계속되지 않듯이, 오늘의 행복이 앞으로도 영원히 지속되지 않습니다. 변화를 거부하는 태도◆⁹는 아우렐리우스가 말하는 '자연에 따라 사는 모습'에 반합니다.

노화도 불가역적 변화입니다. 노화를 걱정하는 이유는 거기에 부정적 가치판단이 더해지기 때문입니다. 나이가 들어서 못하는 것도 있지만 나이가 들어서 할 수 있는 것도 있으니 '퇴화' 됐다고 볼 필요는 없습니다.

인간관계도 시간과 함께 변화합니다. 사이가 좋았던 사람과 싸우고 헤어지기도 하겠지요. 좋은 관계를 유지하기 위해 지금

할 수 있는 것을 하되, 관계가 변하면 두려워하지 말고 받아들이는 수밖에 없습니다. 인간관계를 맺다 보면 어려움을 겪게 마련이고 그 고난을 이겨냈을 때 거기에서 우리는 행복을 찾기도 하니까요.

아우렐리우스는 과거와 미래는 선도 악도 아닌 선악무기라고 말합니다. 과거를 돌아보고 후회하지 말고 미래를 걱정하지도 말고, 지금 할 수 있는 일을 하며 지금을 '어떻게 살 것인가'에 대한 답을 찾는 것이 우리가 철학을 배우는 이유라고 생각합니다.

그러면 아우렐리우스는 자신에게 주어진 '지금'을 어떻게 살려고 했을까요. 그 너머에 놓인 '죽음'을 어떻게 받아들였을까요. 다음 장에서는 아우렐리우스의 인생론의 근간에 무엇이 있었는지 알아보고, 그의 말을 현대에 활용하는 방법을 찾아보고자 합니다.

자신을 둘러싼 미시적 상황도 거시적 우주도

끊임없이 변화하며 멈춰있지 않습니다.

그러니 '변화'를 받아들이는 수밖에 없습니다.

#변화는자연스러운것 #변화하는인간관계받아들이기 #나에게힘든관계

◆ 1 세월호 사건

2014년 4월, 한국의 대형 페리 '세월호'가 서해상에서 전복되고 침몰하며 약 300명이 웃도는 사망자와 행방불명자를 냈다. 이 엄청난 규모의 해난사고를 세월호 사건이라고 한다. 일상화된 과적재와 무책임한 검사 체제, 구조 활동의 미숙 등 인재 사고임이 밝혀지며 한국 사회를 뒤흔드는 문제로 발전했다.

◆ 2 니체

프리드리히 니체Friedrich Nietzsche(1844년~1900년). 독일의 철학자로 루터파 목사의 아들이었다. 고전문헌학 연구를 그만두고 각지를 전전하며 저작 활동에 몰두했다. '생의 철학'의 기수이자 '실존철학'의 선구자로 꼽힌다. 그 철저한 문명비판은 좁은 의미에서의 철학뿐만 아니라 문학을 포함한 현대사상에 거대한 영향을 끼쳤다. 저서로 《차라투스트라는 이렇게 말했다(Also sprach zarathustra)》《비극의 탄생(Die geburt der tragödie)》《선악의 저편(Jenseits von gut und böse)》《도덕의 계보(Zur genealogie der moral)》 등이 있다.

◆ 3 운명애

Amor fati. 니체의 기본 이념 중 하나. 어떤 상황에서도 자신의 삶을 사랑하고 자신의 운명을 적극적으로 긍정하며 살아남으려는 태도를 말한다.

◆ 4 R.D. 랭

로널드 데이비드 랭Ronald David Laing(1927년~1989년). 영국의 정신과의사. 전통적 정신의학 질병론을 비판하는 '반정신의학'의 제창자이다. 1965년에 독자적 치료관에 입각하여 만든 실험 병동 '킹슬리 홀'을 연다. 저서로 《분열된 자기(The divided self)》《자기와 타자(The self and others)》《광기와 가족(Sanity, madness and the family)》 등이 있다.

◆ 5 마르틴 부버

Martin Buber(1878년~1965년). 유대인 사상가. 처음에는 시오니즘(유대 민족주의 운동)에 공명했다가 뒤에는 하시디즘(경건주의 종교 혁신운동)의 부흥에 매진한다. 저서 《나와 너(Ich und du)》(1923)에서 보여준 '사유의 출발점으로서의 대화'의 개념은 이후의 사회사상·교육·정신치료 등에 큰 영향을 미쳤다.

◆ 6 랍비

헤브라이어로 '나의 선생님'이란 뜻이다. 원래는 율법에 능통한 지도자의 존칭이나 이제는 유대교 성직자를 가리킨다. 전문기관에서 교육을 받고 랍비가 되면 시너고그(유대교 회당)를 주관하며 유대인 사회의 종교적, 정신적 지도자로 교회와 교육 업무에 종사한다.

◆ 7 H.S. 쿠시너

해롤드 사무엘 쿠시너Harold Samuel Kushne(1935년~). 미국의 유대교 랍비이자 작가. 콜롬비아대학, 유대신학교를 거쳐 랍비가 되어 현재는 이스라엘 템플(포스튼)의 명예 랍비다. 저서로 《내가 살았다는 증거는 어디에 있는가(When all you've ever wanted isn't enough)》 《공포를 넘어 산다(Conquering fear)》 등이 있다.

◆ 8 야마자키 후미오

山崎章郎(1947년~). 의사. 지바대학 의학부 졸업. 재택의료전문 진료소 '케어타운 고다이라 클리닉' 원장. 일찍부터 암 선고, 호스피스 문제에 주목했다. 《병원에서 죽는다는 것(病院で死ぬということ)》(1996)은 말기암 환자의 투병과 죽음에 맞선 경험을 토대로 말기 의료를 고찰한 책이다. 그 외에 《집에서 죽는다는 것(家で死ぬということ)》등이 있다.

◆ 9 변화를 거부하는 태도

《명상록》에서는 우주가 부단히 갱신하여 그 모습을 변화시킨다고 인식하면서
도 변화하지 않는 '영원한 현재'를 강조하기도 한다. '모든 것은 영원히 동일한
모습으로 영원 회귀한다(2. 14).' '모든 것이 동일하고 같은 모습을 하고 있기 때
문이다(6. 37).'

4 장

'지금, 여기'를
산다

죽지 않는 사람은 없다

계속되는 전란의 한복판에서 수많은 병사와 가족의 죽음을 목격한 마르쿠스 아우렐리우스가 죽음을 의식하지 않았을 리 없습니다.《명상록》에서도 때때로 죽음에 대해 언급합니다.

《명상록》을 읽으면 닥쳐오는 죽음을 앞두고 꽤나 서둘러 글을 쓰는 것처럼 보이기도 합니다. 메멘토 모리◆1 ─ 아우렐리우스는 죽음을 직시하는 훈련으로 궁정과 전장에서 밤이 되면 홀로 글을 써 내려가지 않았을까요.

아무도 자신의 죽음을 경험하지 못합니다. 죽음이 어떤 건지는 타자의 죽음을 보고 상상하는 수밖에 없습니다. 타자의 죽음과 자신의 죽음은 다릅니다. 타자의 죽음은 부재입니다. 타자는 이 세계에서 사라지지만 이 세계는 존속됩니다.

한편, 자신의 죽음은 무(無)일지도 모릅니다. 자신도 자신이 살아온 세계도 함께 무가 되어 사라지는지도 모릅니다. 스스로 죽음을 경험하지 않은 한, 아무도 자신의 죽음에 대해 확실히 알지 못합니다. 하지만 확실한 게 두 가지 있습니다. 첫 번째는 인간은 반드시 죽는다는 것입니다. 이에 대해서는 그 누구도 예외가 없습니다. 아우렐리우스는 다음과 같이 말합니다.

· ◆ ·

모든 것은 기본적으로 죽는다(10. 18).

· ◆ ·

그런데 수많은 사람들이 인간은 반드시 죽되 자기만은 죽지 않는다고 생각하는 것처럼 보입니다. 아마도 사형이 집행되기 직전 겨우 목숨을 건진 것이 바탕이 되었겠지만, 도스토옙스키◆²는 죽음을 선고받고 죽어가는 사람의 고통이, 목이 베이는 치명적 중상을 입고도 여전히 살 수 있다는 희망을 가진 사람보다 훨씬 더 크다고 《백치》의 주인공 므이시킨 공작의 입을 빌어 말합니다.

+ ◆ +

이제 너의 생애가 끝나려 한다. 그런데도 너는 네 자신을 존
중하기보다 타자의 정신 속에 네 자신의 행복을 맡기고 있다
(2. 6).

+ ◆ +

목숨을 건질지도 모른다는 희망이 있어 살 수 있었다고 말
할 수도 있습니다. 하지만 사형 선고를 받은 사람만이 아니라 누
구나 확실히 죽는다는 사실을 알았을 때, 초등학생이었던 저는
절망하고 살아갈 기력을 잃었습니다.

그 후, 저는 죽음을 외면하지 않고 직시하려고 철학을 배우
기로 결심했는데 공교롭게도 매일 조금씩 죽어가던 어머니를 돌
보는 동안에, 죽음에 관해 재차 말하는 아우렐리우스를 만난 것
입니다.

죽음에 대해 확실한 또 다른 하나는 죽음이 무엇이든 이별
이 따른다는 것입니다. 누군가와 헤어져야 하는 이상, 슬프지 않
을 수 없습니다. 죽음을 피하려는 이유는 죽음이 공포와 슬픔을
가져오기 때문인데, 이에 대해 아우렐리우스는 다음과 같이 말
합니다.

···✦···

죽는 것은 태어나는 것과 마찬가지로 자연의 신비다(4. 5).

···✦···

태어나는 것과 마찬가지로 죽음을 이 우주에서 일어나는 자연현상이라 보면 삶을 슬퍼하지 않듯, 죽음도 슬퍼하거나 두려워할 필요가 없다는 말입니다. 삶을 슬퍼하지 않는다고 했지만 이 세상에 태어나는 것을 고통으로 보는 시선도 있으니 삶도 죽음도 그 자체로는 선도 악도 아니라 할 수 있습니다. 이 생각에 대해서는 뒤에서 살펴보겠습니다. 곧 보겠지만 아우렐리우스는 죽음을 어떻게 볼 것인지, 또 누구도 피할 수 없는 죽음과 마주하려면 어떻게 살아야 하는지에 관해서도 적극적으로 제안합니다.

태어나는 것과 마찬가지로 죽음을

이 우주에서 일어나는 자연현상이라 보면

삶을 슬퍼하지 않듯, 죽음도 슬퍼하거나

두려워할 필요가 없다는 말입니다.

#나에게가장두려운 것 #죽음을대하는자세 #자연의이치 #자연의섭리대로

'지금'을 산다

◆

설령 네가 삼천 년을 산다 한들, 삼만 년을 산다 한들 기억하라. 누구나 지금 사는 삶 외에 다른 삶을 사는 것이 아니며, 지금 놓쳐버린 삶을 사는 것이 아니라는 것을 말이다. 오래 살든, 짧게 살든 사는 것은 똑같다는 말이다. 지금이란 시간도 모든 사람에 동등하게 주어지며 놓치는 것도 마찬가지다. 다만 지금을 놓치는 것은 순식간이다. 과거와 미래의 삶을 놓칠 수 없기 때문이다. 있지도 않은 것을 어떻게 놓칠 수 있단 말인가(2. 14).

◆

과거도 미래도 없는데, 있지도 않은 것을 잃어버릴 수는 없습니다.

+ + +

인간은 저마다 지금만을 사는 동시에 지금만을 잃는다(12. 26).

+ + +

이렇게 생각하면 인생을 얼마나 오래 사느냐는 문제가 되지 않습니다.

+ + +

인간은 저마다 지금이라는 짧은 순간만을 산다. 그 외에는 이미 다 살았거나, 불확실하다(3. 10).

+ + +

과거는 '이미 다 살아'서 이제 어디에도 없습니다. 미래도 어떻게 될지 아무도 모른다는 점에서 '불확실'합니다. 내일이라는 날이 상상한 대로 흘러가는 것은 결코 아닙니다. 인간은 '지금의 아주 짧은 순간'만을 산다고 아우렐리우스는 말합니다.

+ + +

모든 행위를 이 생의 마지막인 것처럼 하라(2. 5).

+ + +

다른 곳에서는 좀 더 구체적으로 '지금 당장 이 세상에서 사라져 버릴 사람처럼, 어떤 일이든 행하고 말하고 생각하라(2. 11)'라고 말합니다.

나이가 들거나 생명에 치명적 병을 앓고 나면 '벚꽃을 보는 것도 올해가 마지막일도 몰라' '가족들과 여행할 수 있는 것도 이게 마지막일지도 몰라'라는 생각이 스치기도 합니다.

《명상록》의 말에서 모든 것이 덧없고 항상 변한다고 보는 '무상관의 사상'을 느끼는 사람도 있겠지만 그가 말하는 '지금 당장 이 세상에서 사라져 버릴 사람처럼' 사는 것의 주된 목적은 지금 할 수 있는 일을 최선을 다하면서 이 인생에 적극적으로 사는 자세를 보여주는 것이라고 저는 생각합니다.

· ✦ ·

네가 이런 꼴을 당하는 것도 당연하다. 오늘 선해지기보다도
내일 선해지려 하기 때문이다 (8. 22).

· ✦ ·

'이런 꼴을 당하다'가 정확히 무엇을 말하지는 모르지만, 오늘이라는 날밖에 없을지도 모르는데도, 인생을 미루는 사람이

있습니다. 사람은 과거에서도 미래에서도 행복해질 수 없는데도 지금밖에 살 수 없다는 것을, 지금밖에 행복해질 수 없다는 걸 잊기 때문입니다.

· ✦ ·

완전한 인격이란, 하루하루를 마지막 날인 것처럼 살되 격렬해지지도 않고 무기력해지지도 않고 위선을 떨지도 않는 것이다(7. 69).

· ✦ ·

이 말은, 나에게 주어진 수명이 얼마 안 남았다는 것을 알았을 때만이 아니라 언제든 어차피 죽게 될 것이라며 자포자기하거나, 이제 뭘 해도 소용없다며 무기력해져서는 안 된다는 의미를 담고 있습니다. 위선을 떨지 말라는 말은 자신을 속이려 하지 않는다는 의미고요.

저는 관상동맥우회로이식술을 받기로 한 날 아침, 주치의에게 "무서우시죠?"라는 말을 듣고서야 제가 심장을 멈추는 큰 수술을 앞두고 강한 불안을 느끼고 있다는 것을 깨달았습니다. 지금껏 불안하면서도 불안하지 않다고 자신을 속였던 것입니다.

죽음을 앞두고 있을 때도 매일을 살아갈 때도 절대 불안해할 필요가 없다고 아우렐리우스는 말합니다.

+·+·+

이미 죽은 사람처럼, 이제 삶을 마감한 사람처럼, 앞으로 남은 인생은 덤이라 생각하고 자연에 따라서 살아야 한다(7. 56).

+·+·+

평소에는 내일이라는 날이 오지 않을 수도 있다는 생각을 하지 못합니다. 하지만 큰 병을 앓게 되면 내일이 온다는 전제로 그린 미래가 소리도 없이 무너집니다. 저도 나이 쉰에 심근경색으로 응급실에 실려갔다가 제 몸에 일어난 변조로 죽을 수 있다는 선고를 받았습니다. 다행히 목숨은 건졌지만 그 후 입원했을 때, 오늘 밤 잠자리에 들면 이제 다시는 일어나지 못할 수도 있다는 생각에 불안에 떨며 잠자리에 들어야 했습니다.

그 뒤, 순조롭게 회복하고 침대에서 일어나 컴퓨터로 원고를 작성하는 모습을 지켜본 주치의가 이렇게 말했습니다.

"책은 쓰셔도 돼요. 책은 영원히 남으니까."

책은 남아도 나는 남지 않는다는 뜻이었지만, 책을 쓸 수 있을 정도로는 회복할 것이라는 말로 들려 마냥 기뻤습니다. 그러자 뜻밖에 얻은 삶을 나 자신이 아닌, '타인'을 위해 쓰고 싶다는 생각이 들었고, 그러한 바람이 병마로 지친 제 마음을 다잡아 주었습니다.

물론 앞으로 어떻게 될지는 아무도 모르니 할 수 있는 일은 오늘 하는 수밖에 없겠지만, 뜻밖에 얻은 여분의 인생을 어떻게 살까 생각할 때, 왜 타인을 먼저 생각했는가에 관해서는 뒤에 아우렐리우스의 사상과 관련지어 언급해 보겠습니다.

◦ ✦ ◦

지금을 본 사람은 영원의 시간에서 태동했고 앞으로도 무한히 존재할 모든 것을 본 것이다. 모든 것이 동일하고 같은 모습을 하고 있기 때문이다(6. 37).

◦ ✦ ◦

아우렐리우스는 '지금'을 보면 영원이란 시간에서 태동한 '과거'도, 무한히 존재할 '미래'도 전부 볼 수 있다고 말합니다. 왜냐하면 '모든 것은 하나이고 같은 모습을 하고 있기' 때문입니다.

스토아철학에서는 모든 게 정해져 있고 같은 일이 반복되어 일어난다고 생각했습니다. 이런 우주론이 이해하기 어렵다면 같은 실수를 여러 번 반복하는 경우를 떠올려 보면 이해할 수 있을 것입니다. 이 사람과 함께라면 잘 지낼 수 있을 것 같은데 다시 같은 실수를 반복하고 헤어집니다. 이 경우, 상대에게 문제가 있어서라기보다는 인간관계를 맺는 방법이 달라지지 않으니 똑같은 일이 반복되어 일어나는 것이지요. 반대로 지금 모든 것을 본 사람은 그것을 계기로 깨우치게 됩니다.

오래 산다고 현명해지는 것이 아닙니다. 경험을 쌓아도 배우지 못하는 사람은 아무것도 배우지 못합니다. 과거도 미래도 살 수 없습니다. 그런데도 인간은 과거를 돌아보며 후회합니다. 부모를 간병하면 '그때, 이렇게 할걸' 하는 생각이 계속 따라다닙니다.

아이가 학교에 가지 않으면 부모는 자신이 아이를 잘못 키우지는 않았는지 과거에서 그 원인을 찾습니다. 하지만 지금, 과거의 일을 문제 삼아봤자 별 의미가 없습니다. 나쁜 부모였다기보다는 아이와 관계를 잘 맺지 못하는 서툰 부모였을 뿐입니다. 관계 맺는 방법을 몰랐던 것뿐이지요. 그렇다면 이제부터 관계를 잘 맺을 수 있게 노력하면 됩니다.

미래를 생각하고 불안해하는 부모도 있습니다. 하지만 앞으로 어떻게 될지는 아무도 모릅니다. 학교에 갈 수도 있지만 계속 가지 않을 수도 있습니다. 아이가 처한 상황도 고려하지 않고 등교 거부는 무조건 나쁘다(자신에게 득이 되지 않는다는 의미에서)며 단정해서도 안 되거니와, 부모가 아이를 학교에 억지로 보낼 수도 없습니다.

스토아철학은 자신에게 일어나는 일을 '권내에 있는 것'과 '권내에 있지 않은 것'으로 나눠 생각합니다. 권내에 있다는 것은 자신의 능력 안에 있다는 뜻입니다. 내 힘으로는 어떻게 할 수 없는 것을 바라지 않으면 자유로워질 수 있습니다.

과거도 미래도 권내에 있지 않습니다. 과거는 이미 지나갔고, 미래는 아직 오지 않았습니다. 그러니 과거를 돌아보고 후회하는 것도, 미래를 떠올리며 불안해하는 것도 다 부질없는 짓입니다.

완전한 인격이란,

하루하루를 마지막 날인 것처럼 살되

격렬해지지도 않고 무기력해지지도 않고

위선을 떨지도 않는 것이다.

'여기'를 산다

책을 내자는 제안을 받았을 때, 저는 아직 입원 중이었습니다. 하지만 병상에 있어도 글은 쓸 수 있었습니다. 그렇다면 자신이 지금 있는 '여기'에서 할 수 있는 일을 하는 수밖에 없겠지요.

1장에서 소개한 바와 같이, 아우렐리우스도 '네가 지금 처해 있는 상황만큼 철학을 하기에 적합한 생활이 없다(11. 7)' '궁정에서도 선하게 살 수 있다(5. 16)'고 말했습니다. 때로는 궁정에서 공무를 보는 것과 철학자로 사는 것 사이에서 괴리감을 느꼈겠지만 그에게 있어서 '여기'는 궁정이며, '여기' 말고는 달리 철학할 곳이 없었던 것입니다.

어차피 우리는 인간관계를 떠나 살 수 없는 존재이므로, 철학 또한 인간관계라는 현실 속에서 사유해야지, 아무도 없는 곳에서 홀로 사색에 잠기는 것이 결코 철학이라고 할 수 없을 것입니다.

아우렐리우스는 이곳이 아닌 다른 어딘가에 자신의 인생이 있을 것이라 생각하지 않고 내가 있는 지금, 여기에서 사는 것이 현실이라며 스스로를 타일렀습니다. 단, 궁정 외에는 있을 곳이 없었던 황제 아우렐리우스와는 다르게, 우리는 '여기'가 아닌 다른 장소에서도 살 수 있다는 것을 알아뒀으면 합니다.

내가 있는 지금,

여기에서 사는 것이 현실입니다.

#내가있는이곳이현실 #도피하지않기 #정면승부 #나의인생은지금

타자와의 관계

여기까지 봤듯이, 아우렐리우스는 '지금, 여기'를 사는 것을 중요하게 여긴 것을 알 수 있습니다.

· ✦ ·

인생은 짧다. 생각을 깊이 하고 정의롭게 행동하고 지금을 낭비해서는 안 된다(4. 26).

· ✦ ·

이 문장을 좀 더 적극적인 의미에서 보자면, '지금으로부터 이익을 취한다'라고 봐도 좋을지 모릅니다.

저는 이 문장을 보면 '그날을 잡아라◆³Carpe diem'라는 고대 로마 시인 호라티우스의 시구가 떠오릅니다. 미래에 기대지 말고 오늘 '이날'을 잡으라는 이 말에 대해 스가 아쓰코◆4는 이탈리아 친구의 말을 빌려 다음과 같이 설명합니다.

'이것[인용자 주: Carpe]은 꽃을 따듯이, 잎 사이로 아롱대는 열매를 확 잡아 따는 그런 말이다. 우물쭈물하지 말고 잽싸게 낚아채는 느낌. 툭. 그 순간, 나는 꽃줄기가 꺾이며 톡 터지는 소리가 희미하게 들리는 것 같았다《책을 읽고(本に読まれて)》.'

'지금, 여기를 산다'고 하면 찰나주의가 아닌가 오해하는 사람도 있는데 그건 아닙니다. 내일을 기약할 수 없는 생명이니 즐겁게 살라는 의미가 아닙니다. 지금을 잡을 때는 깊이 생각하고 정의롭게 행동하라는 뜻입니다.

◆◆◆

네가 먼 길을 돌고 돌아 도달하기를 바라는 모든 것을 네 스스로 거부하지만 않으면 이제 곧 너의 것이 되리라. 과거를 놔버리고 미래를 섭리에 맡기고 그저 지금을 경건하고 정의롭게 방향을 잡고 산다면.
'경건하게'라 말한 이유는 주어진 것(운명)을 사랑하기 때문이다. 왜냐하면 자연이 그런 운명을 너에게 가져다줬고, 너를 그런 운명으로 보냈기 때문이다. '정의롭게'란 에두르지 않고 자유로이 진실을 말하고 법을 지키며 적절한 방식으로 행동하게 된다는 뜻이다(12. 1).

· ◆ ·

이렇게 살고 싶다고 바라면서도 뭔가 이유를 들어 시작하려 하지 않는 사람이 있습니다. '스스로 거부하지 않는다'라는 말은 처음부터 그게 무리라고 생각하지 않는다는 의미입니다. 도달하기 원하는 것에 대해 지금까지와는 다른 태도로 임하면 가질 수 있다는 말도 마찬가지입니다.

이렇게 생각할 수 있는 사람은 과거에 가령, 공부를 별로 하지 않은 것을 지금 문제 삼지 않습니다. 앞으로 어떻게 될지, 바라는 것을 얻을 수 있을지는 알 수 없지만, 그마저도 지금은 고려하지 않습니다. 그렇게 오늘 할 수 있는 일을 하면 결국 모든 게 변할 것입니다. 다만 경건하고 정의롭게 방향을 잡고 살아야 한다는 조건이 있습니다. 때로는 바라던 일이 실현되지 않을 수 있는데, 그렇다고 지금 당장 아무 일이나 해서는 안 됩니다. 또 정의로운 행위여야 합니다.

다음 문장에도 '신들을 공경하라. 사람들을 구원하라'라는 글귀가 나옵니다.

・◆・

신들을 공경하라. 사람들을 구원하라. 인생은 짧다. 이 땅에
살면서 수확할 수 있는 것은 경건한 태도와 공동체를 위한 행
동뿐이다(6. 30).

・◆・

'공동체를 위한'이라고 번역된 말은 형용사(코이노니코스
Koinonikos(κοινωνικός)이고, '공동체를 위한 행위'라고 번역된 말은
직역하면 '사회적 행위'가 됩니다.

・◆・

이성적 생물(인간)에게 선은 공동체(코이노니아)다(5. 16).

・◆・

앞에서 본 '코이노니코스'는 '공동체'로 번역된 '코이노니아
Koinonia(κοινωνία)'의 형용사입니다. '공공성'이나 '사회생활을 영
위하는 것'으로 번역되는데, 저는 '공동체' 혹은 '사람과 사람의
연결'이란 뜻으로 해석했습니다. 2장에서도 사람과 사람이 반발
하거나 대립하는 건 자연을 거스르는 일이며, 인간은 협력하기
위해서 태어났다고 하는 아우렐리우스의 글을 살펴보았습니다.

나뭇가지 하나가 옆 나뭇가지에서 떨어져 나가면 나무 전체에서도 떨어져 나가게 된다. 마침 인간도 한 사람의 인간에게 떨어져 나가면 공동체(코이노니아) 전체에서 이탈하게 된다. 그런데 나뭇가지는 다른 사람에 의해 (나뭇가지에서) 떨어져 나오지만, 인간은 이웃을 증오하고 등을 돌려 스스로 이웃사람에게서 떨어져 나온다. 하지만 동시에 공동체에서도 떨어져 나오게 된다는 것을 모른다(11. 8).

이것은 기독교에서 말하는 이웃 사람을 사랑을 반대 측면에서 설명한다고 할 수 있습니다. 여기에서도 '코이노니아'라는 말이 쓰였습니다. 사람과 사람이 연결되었다는 의미입니다.

저는 아우렐리우스가 쓴 일련의 글을 읽으면 아들러의 '공동체 감각'이 떠오릅니다. 아들러는 공동체 감각을 '게마인샤프츠게퓔Gemeinschaftsgefühl'이라고 표현했는데, '공동체Gemeinschaft'라고 하면 국가와 같은 기존의 공동체가 연상됩니다.

그래서 아들러는 그가 말하는 공동체가 기존의 공동체와 다르다는 것을 밝히기 위해 공동체는 '도달한 적이 없는 이상(《교육하기 어려운 아이들》)'이며, 가족만이 아니라 친척, 이웃, 국가,

전 인류, 나아가서는 그 한계를 넘어 동물, 식물과 무생물, 결국에는 우주로까지 퍼져나간다고 말합니다(《아들러의 인간 이해 (Menschenkenntnis)》).

아들러는 공동체 감각을 말할 때 '미트멘슐리히카이트Mitmen-schlichkeit'라고 표현하기도 합니다. 이는 친구Mitmenschen, 다시 말해 사람Mensch과 사람Mensch이 연결되어mit 있다는 의미입니다.

이쪽은 공동체와의 관계보다 사람과 사람의 연결이란 의미에 역점을 두고 있습니다. 사람과 사람의 연결이라고 말하면 간단히 국경을 뛰어넘을 수 있습니다. 2장에서 본 세계시민주의 편에 섰던 아우렐리우스가 '코이노니아'라고 말할 때는, 공동체보다는 아들러가 말하는 '사람과 사람의 연결'을 생각하지 않았을까 추측해 봅니다.

아우렐리우스는 여기서, 눈앞에 있는 단 한 사람만 증오해도 사람과의 연결에서 떨어져 나오게 된다고 말합니다. 학교에서 누군가를 괴롭히는 사람이 있으면 그 사람은 그렇게 해서 괴롭히는 사람을 그룹에서 떨쳐낼 수 있다고 생각하겠지만, 실은 자신이 떨어져 나가는 것입니다. 하지만 그런 사람도 사람과의 관계에서 벗어나서 살 수는 없습니다. 2장에서 보았듯이 잘못을 저지르는 사람도 지성과 신성의 일부를 공유하며 같은 잘못을 저지를 수 있다는 의미에서 동일하며(2. 1), 인간은 '지성의 공동체(코이노니아)(7. 26)'를 형성합니다.

때로는 바라던 일이 실현되지 않을 수 있는데.

그렇다고 지금 당장 아무 일이나 해서는 안 됩니다.

또 정의로운 행위여야 합니다.

#실패에대처하는자세 #오늘해낸일 #내일해야할일 #주변돌아보기

《명상록》을 넘어서

인간은 혼자 살 수 없습니다. 사람과의 관계는 때로는 번거롭고 상처를 받기도 하는데 그런 게 싫어서 혼자 살고 싶다는 생각을 하기도 합니다. 반면에 사람과의 관계 속에서 살아가는 기쁨과 행복이 있는 것도 사실입니다.

전쟁이 끊이지 않은 시대를 살았던 아우렐리우스가 인간은 '협력하기 위해 태어났다(2. 1)'고 말하며 국가를 뛰어넘어 세계 시민주의를 설파하는 모습에 저는 크게 놀랐습니다. 하지만 그 사상은 현대에 들어와 맥이 끊기며 힘을 쓰지 못하게 되었습니다. 힘을 쓰기는커녕, 시대는 역행하고 있는 것처럼 보입니다. 국가 단위의 이익을 우선한 정치, 세계 패권을 노리는 제국주의, 이

질적인 것에 대한 배타적 언행, 나아가 우리 주변에서 흔히 볼 수 있는 집단 괴롭힘과 혐오 발언[Hate speech], 갈수록 심해지는 인터넷상에서의 집중포화 역시 뿌리는 같습니다.

아우렐리우스의 사상은 평화를 생각하는 초석이 되어야 합니다. 국가 간의 문제해결은 물론이고, 개인이 맺어야 할 이상적인 인간관계에 대해서도 논하고 있으니 말입니다. 지금이야말로 국경을 넘어 사람과 사람의 관계를 하나의 큰 공동체로 인식하고 서로 협력하는 것을 인간 본연의 모습이라고 봤던, 그의 세계시민주의가 꼭 필요하다고 생각합니다. 한편으로 저는 아우렐리우스의 사상이 악용되고 있지는 않은가 우려하는 마음도 있습니다. 여기까지 읽은 사람이라면 아우렐리우스의 진의가 어디에 있는지 알겠지만, 아우렐리우스의 사상은 '인내하고 순응하는 철학'이라는 말로 간단히 뭉뚱그려 설명할 수 없습니다.

아우렐리우스는 살면서 피할 수 없는 수많은 고난을 개인의 차원에서 어떻게 받아들여야 하는가, 거기에서 살아남기 위한 지혜를 가르쳐 줍니다. 하지만 저는 정치인이 '고난을 견디라'고 말하는 것에는 공포를 느낍니다. 지금까지 보았듯이 아우렐리우스는 어떤 역경에서도 자신을 잃지 않고 뒤로 물러나지 않는 강인한 정신을 말하지만, 그건 어디까지나 내가 강인한 정신을 갖기 위해 애쓴다는 말이지, 다른 사람에게 이러쿵저러쿵 듣고 싶은 말이 아닙니다.

원전 폭발 사고와 같은 결코 운명이라고 할 수 없는 재난, 인위적 재난, 인재도 있습니다. 그에 대해 손을 놓고 그냥 가만히 있으면 안 된다고 생각합니다. 아우렐리우스는 '분노'라는 감정에 대체로 부정적이었지만, 살다 보면 화를 내지 않으면 안 되는 순간도 종종 발생합니다. 충동적, 감정적으로 일으키는 사적인 분노는 무익하지만 사회정의에 비추어 잘못된 일은 잘못됐다고 주장해야 합니다. 그때 느끼는 감정을 이성적 '공분'이라고 하지요. 저마다의 '권내'에 있는 것을 '권외'로 빼앗아갈 때 문제가 발생하기에, 자연에 따라 사는 것을 용납하지 않는 사람이나 권력에는 분연히 들고 일어나 목소리를 내야 합니다. 우리에게는 그런 강인함도 필요합니다.

또 하나, 이 책을 읽고 현대의 우리가 생각하지 않으면 안 되는 문제가 있습니다. 바로, '인간의 삶과 죽음이 가치와는 무관한 것인가' 하는 점입니다. 앞에 나온 말로 하면, 인간의 생사가 선도 악도 아닌 선악무기라서 그 자체로 선인지 악인지 결정할 수 없는 것인가, 하는 문제입니다.

그냥 사는 게 아니라 '선하게' 사는 것에 가치가 있다고 하면, 선하게 살지 못하는 사람은 살 가치가 없는 것일까. 본디 무엇을 기준으로 '선하게' 산다고 하는 것일까. 또 누군가가 그것을 판단해도 좋은 것일까. 생각해야 할 문제가 산더미입니다.

이 문제에 정답이 있는 것은 아니지만, 사는 것만으로도 인간에게는 가치가 있다고 저는 생각합니다. 갓 태어난 아이는 혼자서 아무것도 못하지만, 부모는 살아있는 것만으로도 고마움을 느낍니다. 어른도 마찬가지겠지요. 그런데 우리는 어느 순간부터 살아있는 것만으로는 가치가 있다고 느끼지 못하게 됩니다. '선하게' 산다고 말할 때 '선하게'란 본래 '행복하게'라는 의미인데, 요즘 시대는 생산성을 중시하여 뭔가를 해야 가치가 있으며, 뭔가를 만들어내고 성공해야 '선하게', 다시 말해 '행복하게' 사는 것이라고 생각하는 사람이 적지 않은 것 같습니다.

그러면 병에 걸리고 나이가 들어 아무것도 하지 못하는 사람은 살아갈 가치가 없는 것일까요? 물론 그렇지 않습니다. 뭔가를 해야지만 가치가 있다고 생각하는 사람은 본인이 아무것도 하지 못하게 되었을 때, 연명치료를 받지 말아야겠다는 생각을 멈추지 못합니다. 그래서 개중에는 가족에게 피해를 주지 않으려고 연명치료를 받지 않는 결단을 내리기도 합니다. 단, 여기에서는 자신이 아닌 다른 사람의 상황을 두고 '아무것도 하지 못하니 이제 살아갈 가치가 없다, 연명치료를 받을 의미가 없다'고 왈가왈부할 필요는 없다고 생각합니다.

저는 부모를 간병했던 경험이 있습니다. 어떤 상태든 부모가 살아있는 것이 저에게는 기쁨이자 고마운 일이었습니다. 제가 심근경색으로 쓰러져 꼼짝없이 누워만 있을 때도 아무것도 하지 못하는 몸이었으나, 내가 살아있는 것만으로도 기뻐해 주는 사람이 있다고 생각하면 오래 살 수 있을 것 같았습니다.

연명치료 문제는 사는 방식과 관련이 있습니다. 본인이 생각하기에, 건강하게 일하는 지금도 자신의 가치가 무언가를 할 수 있는 것이 아닌, '살아있는 것'에 있다고 생각하는 사람이라면, 자신이 나이가 들거나 병에 걸려 아무 일도 하지 못하게 됐을 때 자신의 가치가 사라졌다고 여기지는 않을 것입니다. 전에는 무언가를 해내야지만 가치가 있다는 생각을 당연하게 여겼으나, 시대가 변한 지금은 정말로 그 생각이 맞는지 의심해 봐야 합니다.

그러면 인간은 죽으면 가치가 없는 것일까? 그렇지 않습니다. 우리는 가끔 죽은 사람의 말을 떠올리며 위로를 받고, 아우렐리우스 역시 선인들의 말에서 길을 찾았습니다. 그런 아우렐리우스의 말이 우리에게 빛을 비춰주며 사후 2천여 년이 지난 지금까지도 수많은 사람들의 마음을 위로해 주고 있는 것이지요.

부모님이 해준 이야기는 지금도 머릿속에 생생하게 남아있습니다. 이미 이 세상을 떠난 부모와는 만날 수도, 목소리를 들을 수도 몸을 만질 수도 없지만, 그 말만은 아직까지 제 안에 살아있습니다. 그때 부모님이 해준 말이 그런 의미였구나, 하고 생각이 미쳤을 때, 말만이 아니라 부모가 살아있다고 느낄 수 있습니다. 그렇게 해서 죽은 사람도 살아있는 사람에게 공헌하는 것입니다.

도호쿠에 있는 어느 도시에서 강연을 했을 때, 동일본 대지진으로 어머니를 잃고 방파제 건설로 고향까지 잃은 남성이, 제게 어떤 생각으로 살면 좋으냐고 물은 적이 있습니다. 저는 부모님을 생각하면 부모님이 내 옆에 있다고 느낄 수 있다고 이야기한 뒤, 어느 소설◆5의 한 구절을 소개했습니다.

'저 세상이란 좋은 곳 아니던가. 가기만 하면 한 사람도 돌아오지를 않으니'라는. 그 사람은 그 말을 듣고 기뻐하며 "어머니도 지금 틀림없이 좋은 곳에 계실 거예요. 저도 어서 빨리 어머니를 따라가고 싶습니다"라고 대답했습니다. 그래서 저는 이렇게 말했습니다. "서두를 필요 없습니다. ○○ 씨는 아직 이 세상에 할 일이 남아있어요. 그 일을 끝내고 나서도 늦지 않습니다. 어머님은 언제까지나 ○○ 씨를 기다리고 있을 테니까요."

자, 이렇게 《명상록》을 읽고 다양한 문제에 관해 생각해 보았습니다. 읽다 보면 한 번 읽고 바로 이해할 수 있는 글도 있지만 여러 번 읽지 않으면 핵심에 다가설 수 없는 글도 있습니다. 《명상록》에는 지금까지 전해 내려오는 다른 고전과 마찬가지로 읽고 바로 의미를 읽어낼 수 없는 대목이 아주 많습니다. 시대도 사회 분위기도 달라서 어떤 의미에서는 당연하다면 당연하다고 할 수 있는데, 당장 답이 필요한 사람에게 《명상록》은 다가가기 힘든 책으로 느껴질 수 있습니다.

이번에 《명상록》을 다시 읽고 어머니와 병원에서 지내던 날들을 떠올려 보았습니다. 《명상록》의 글은 대부분 단편적이고 반복되어 쓰이거나 때로는 의미가 잘 통하지 않는 부분도 있습니다. 다만 병원에서 어머니를 간병하다 보면 이런저런 볼일이 많아 시간을 들여 책을 읽을 틈이 없었습니다. 그래서 한 번에 쭉 읽어야 하는 책보다는 어디를 펼쳐도 바로 읽을 수 있고, 금세 읽을 수 있는 《명상록》이 그렇게 고마울 수가 없었습니다. 아무 데나 펼쳐도 바로 읽을 수 있어서, 저는 이 책을 머리맡에 두고 시간이 날 때마다 읽었는데, 가끔은 밖에 들고 나가 읽기도 했습니다.

어떻게 읽어도 상관없으니 아우렐리우스의 말이 '오늘'을 사는 데, 또 사람과의 관계를 더 풍요롭게 하는 데 조금이라도 보탬이 되었으면 하는 바람입니다.

갓 태어난 아이는 혼자서 아무것도 못하지만,

부모는 살아있는 것만으로도 고마움을 느낍니다.

어른도 마찬가지겠지요. 그런데 우리는 어느 순간부터

살아있는 것만으로는 가치가 있다고 느끼지 못하게 됩니다.

#존재만으로도감사한사람 #아무것도하지않아도 #나는 #너는 #귀한존재

◆ 1 메멘토 모리

라틴어로 '죽음을 잊지 마라'라는 말이다. 자신이 언젠가 반드시 죽는다는 사실을 잊지 말고 죽음을 대비하라는 경고로 종말론에 빠진 중세 유럽에 유포되었다. '해골' 등 죽음을 상징하여 르네상스 바로크 시대(14세기~17세기) 회화에 단골 모티브가 되었다.

◆ 2 도스토옙스키

Fyodor Mikhailovich Dostoevskii(1821~1881년). 러시아의 소설가. 농노제적 구질서가 자본제적 관계로 전환되려는 과도기에 러시아사회를 배경으로 '넋의 리얼리즘'이라고 불리는 독자적 방법으로 인간 내면을 탐구하여 후세의 문학과 사상에 심원한 영향을 끼쳤다. 저서로 《죄와 벌》《백치》《악령》《카라마조프가의 형제들》등이 있다.

◆ 3 '그날을 잡아라'

고대 로마의 시인 '호라티우스(기원전 65년~기원전 8년)'의 시구(《시집》 제1권). 젊은 시인이 젊은 여성에게 말하는 구절인데 어감이 좋아서인지 원어인 '카르페 디엠'이 그대로 인용될 때가 많다.

◆ 4 스가 아쓰코

須賀敦子(1929~1998년). 이탈리아 문학자이자 수필가. 이탈리아에 유학하며 13년 동안 결혼과 사별을 겪은 뒤에 귀국했다. 《밀라노, 안개의 풍경(ミラノ 霧の風景)》《코르시아 서점의 친구들(コルシア書店の仲間たち)》《토리에스테의 언덕길(トリエステの坂道)》등 이탈리아에서 겪은 일들에 관해 에세이를 쓰는 한편, 나탈리아 긴츠부르그Natalia Ginzburg, 안토니오 타부키Antonio Tabucchi 등

의 현대 이탈리아 문학을 번역하고 소개하는 데도 힘썼다.

◆ 5 어느 소설

다카야마 후미히코(高山文彦)의 소설 《아버지를 묻다(父を葬る)》(2009년). 아버지의 임종을 보기 위해 도쿄에서 내려온 화자인 장남의 눈을 빌려 규슈 다카치호에 사는 일가의 과거를 담담하게 그려냈다.

특별장

삶을 마감하기 직전,
죽음과 마주한다

Marcus Aurelius

인생의 심연으로서의 죽음

죽음은, 말하자면 낮게 깔린 배경음악처럼 삶의 근저에 늘 도사리고 있습니다. 죽지 않는 이상, 죽음이 어떤 것인지 모르는 것에 대해 마냥 두려움을 느끼는 것도 가당치 않은 일이겠지요. 다만 삶이 끝나야 비로소 체험하게 될 죽음이 인생에 막대한 영향을 끼친다는 것을 알기에, 더 이상 죽음에 눈을 가린 채 살 수는 없습니다.

인간관계의 양상도 죽음이 없으면 꽤나 달라지겠지요. 아무리 사이가 좋은 사람도 영원히 함께할 수는 없습니다. 싸우고 헤어지지 않아도 사별은 피할 수 없습니다. 행복의 절정에 있는 것 같아도 그것이 영원히 계속되지 않는다는 걸 아는 사람은 대놓고 행복을 누리지 못합니다.

아우렐리우스는 죽음을 가까이서 느꼈던 게 분명합니다. 용맹한 말로 전쟁을 부추겨 놓고 정작 자신은 안전한 곳에 피해있던 정치가와는 다르게 아우렐리우스는 몸소 전장으로 향했습니다. 열네 명의 아이를 낳았지만 성인이 될 때까지 살아남은 자녀는 딸 다섯 명과 아들 한 명뿐이었습니다. 아내 파우스티나도 전장에 따라왔다 갑작스레 사망했습니다. 아이를 여러 번 먼저 떠나보낸 경험이 있는 아우렐리우스는 다음과 같이 에픽테토스의 말을 인용합니다.

* ✦ *

아이에게 키스를 할 때, '아마 너는 내일 죽겠지' 하고 마음속으로 속삭여야 한다(11. 34).

* ✦ *

아우렐리우스는 행복할 때도 마음속으로 메멘토 모리Memento mori, '죽음을 잊지 마라'라고 되뇌었을 것입니다. 행복한 시간에 마음속으로 이런 말을 하는 사람이 많지는 않겠지요. 할 수만 있다면 인생의 마지막에 죽음이 찾아온다는 걸 잊고 싶고, 누구나 반드시 죽는다는 사실을 외면하고 싶기 때문입니다. 하지만 그렇다 해도 죽음을 무시할 수 없는 일은 일어납니다. 갑자기 쓰러지거나 격심한 통증이 밀려와 구급차로 응급실에 실려가는 일처럼 말이지요.

그럴 때 느끼는 감각을 미키 기요시◆1는 다음과 같이 말했습니다.

'우리가 그 위에 단단히 서있다고 믿었던 지반이 갑자기 갈라지고 심연이 열린다(《미키 기요시 전집 제12권 - 셰스토프적 불안에 관하여》).'

앞으로 인생에서 무슨 일이 일어날지는 아무도 모르지만, 그저 예상하지 못했던 일이 일어났다고 해서 눈앞에 심연이 열렸다고 느끼지는 않습니다. 심연이 열렸다고 느끼는 건 죽음을 예감했을 때입니다. 큰 병을 앓은 적이 없고 건강한 인생을 살던 사람이 눈앞에 펼쳐지리라 믿었던 황금빛 인생이 사라지고 절망의 심연이 열렸다고 느끼는 것 말이지요.

키르케고르◆2도 다음과 같이 말했습니다.

'가령 어떤 사람이 문득 자신의 눈으로 큰 입을 벌린 심연을 들여다본다고 하면, 그 사람은 아득해짐을 느낄 것이다(《불안의 개념》).'

문득, 들여다보면 아득해지는 것을 느낄 수 있습니다. 들여다보지 않았다면 아득함을 느끼지 않았겠지만 아우렐리우스는 굳이 심연을 본 것입니다.

아무리 사이가 좋은 사람도

영원히 함께할 수는 없습니다.

싸우고 헤어지지 않아도 사별은 피할 수 없습니다.

죽음은 자연의 한 과정일 뿐이다

하지만 아우렐리우스는 죽음을 두려워할 필요는 없다, 그저 죽음을 연상시키는 것을 없애버리면 된다고 말합니다.

✦✦✦

죽음이란 무엇인가. 죽음 그 자체만을 보고 이성적 분석을 통해 연상시키는 것들을 없애버리면, 비로소 죽음이 자연의 한 과정에 불과하다는 것을 알게 될 것이다. 자연의 한 과정을 두려워하는 사람이 있다면 그건 어린아이뿐이다(2. 12).

✦✦✦

'죽음을 연상시키는 것'을 없앤다는 말은, 죽음과 관련된 부정적인 이미지를 벗겨내고 죽음을 그저 자연의 한 과정으로 본다는 뜻입니다.

'자연의 한 과정을 두려워하는 사람이 있다면 어린아이뿐이 다'라는 말은 플라톤의 《파이돈》에 있는 다음의 한 구절을 염두 에 두고 한 말입니다.

'우리 안에도 그러한 것을 두려워하는 어린아이가 있다.'

하지만 죽음을 삶의 한 과정으로 보지 못하고 두려워하는 것은 어린아이가 아니라 오히려 어른일 것입니다. '죽음 그 자체 만을 보고 이성적으로 분석한다'는 말을 직접적으로 해석하면 죽음을 연상시키는 것을 없애버린다는, 죽음에 관해서는 이성적 분석 외에 다른 것은 더는 생각하지 말라는 뜻입니다. 누구나 살 아있는 동안에는 죽음이 어떤 것인지 경험하지 못합니다. 미키 기요시는 다음과 같이 말합니다.

'나는 죽음에 관한 사색이 무의미하다고 말하려는 것이 아 니다. 죽음은 관념이다. 그리고 관념다운 관념은 죽었을 때 비로 소 생겨난다. 현실 혹은 삶에 대립하는, 사상이라 할 만한 사상이 거기에서 나오는 것이다(《인생론 노트》).'

누구나 죽음을 경험하지 못하지만 인생의 마지막이 되면 확실히 찾아옵니다. 어차피 죽음이 예정되어 있는데 어째서 살지 않으면 안 되는 것인가. 산다는 것에 의미가 있는가. 사상은 이러한 것을 사유할 때 생겨나는 것입니다.

죽음은 살아있는 동안 경험하지 못합니다. 그렇다고 죽음에 대해 생각하는 것은 무의미하다는 말이 아닙니다. 죽음을 관념으로서밖에는 알 수가 없으니 죽음에 관해서는 논리적으로 생각하지 않으면 안 된다는 뜻입니다. 왜 그런지는 이 장의 마지막에서 생각해 보겠습니다.

죽음을 삶의 한 과정으로

보지 못하고 두려워하는 것은

어린아이가 아니라 오히려 어른일 것입니다.

#인생의마지막은온다 #내가두려워하는것 #어린아이가부러울때

죽음은 자연의 신비다

아우렐리우스는 죽음은 자연의 신비라고도 말했습니다.

٠ ٠ ٠

죽는 것은 태어나는 것과 마찬가지로 자연의 신비다(4. 5).

٠ ٠ ٠

그게 무엇이든 어떤 활동을 정해진 때에 그만두면 그만뒀다고 해도 아무런 해도 입지 않는다. 그만둔 사람도 그만뒀다고 해도 아무런 해도 입지 않는다(12. 23).

٠ ٠ ٠

어떤 활동도 '정해진 때'에 그만두면 아무런 해를 입지 않듯이, 활동의 정지라 할 수 있는 죽음도 어떤 해악을 끼치지 않는 다는 말입니다. 하지만 아우렐리우스는 말합니다.

+ + +

(정지할) 시기와 한계를 주는 것은 자연이다(12. 23).

+ + +

이 세상에 언제 태어날지 스스로 정할 수 없듯이 언제 죽을 지도 스스로 정할 수 없습니다. 정하는 것은 오직 '전체의 자연' 뿐이고 인간에게는 언제 죽을지에 관해 개입의 여지가 없다고 아우렐리우스는 본 것입니다. '시기'라고 번역했으나 그리스어 '카이로스Kairos'에는 '호기' '적절한 때'라는 의미도 있습니다.

+ + +

전체에 유익한 모든 것은 언제나 아름답고 시기적절하다. 생 명이 정지한다는 것에 선택의 여지가 없다면, 이는 추하고 부 끄러운 일이 아니므로 개개인에게도 해악이 아니며 전체에 도 해악이 아니다. 외려 전체에 시기적절하게 이익을 가져다 주는 것이라면 선이라고 할 수 있다(12. 13).

+ + +

꽃이 자신의 의지로 지는 것은 아니지만 언제 져야 하는지를 알고 있듯이, 인간의 죽음도 해악이 아닙니다. 물론 그렇게 생각하고 본인이나 가족의 죽음을 받아들이기란 쉽지 않겠지요. 다만 본인에게 적절한 때였다, 그런 의미에서 개개인에게 해악이 아니라는 뜻이면 몰라도 '전체에 시기적절하게 이익을 가져다 주는 것'이라면 선이라고 할 수 있지 않을까요.

죽는 것은 태어나는 것과 마찬가지로

자연의 신비다.

죽음은 변화다

죽음은 변화이기도 합니다.

＋＋＋

누가 변화를 두려워하는가. 변화 없이 무슨 일이 생기겠는
가. 무릇 우주 만물에 무엇이 바람직하겠는가. 나무가 장작으
로 변화하지 않으면 네가 어떻게 목욕을 할 수 있겠는가. 먹
는 게 변화하지 않으면 어떻게 영양을 섭취하겠는가. 그 외에
어떤 유익한 일을 해낼 수 있겠는가. 그렇다면 네가 변화하는
것 자체도 마찬가지다. 우주 만물에 필요한 것을 찾아보지 않
을 텐가(7. 18).

＋＋＋

'네가 변화하는 것'이란 죽는다는 말입니다. '누가 변화를
두려워하는가'라는 말은 네가, 즉 아우렐리우스가 두려워한다는

뜻입니다. 나무와 식물을 예로 들어 변화로서의 죽음은 바람직한 것이라고 납득하려 하지만, 여기서도 아우렐리우스는 죽음이 '우주 만물'에 유익하며 필요하다고 말합니다.

· ✦ ·

게다가 죽음은 자연의 한 과정일 뿐만 아니라, 자연에 이익이
되는 일이기도 하다(2. 12).

· ✦ ·

죽음은 개인에게, 또한 개인이 그 일부라 할 수 있는 자연 만물, 전체에 해악이 아닌 이익을 가져다준다고 아우렐리우스는 말합니다. 어떤 의미에서 이익을 가져다준다는 것일까요.

· ✦ ·

전체의 일부가 변화함(죽음)으로써, 온 우주는 젊음과 활력
을 유지할 수 있다(12. 23).

· ✦ ·

'자연에 이익이 된다'는 말은 일부분이 죽어서 우주 전체가

젊음과 활력을 유지할 수 있다는 뜻입니다. 이는 꼭 고령자는 오래 살아서는 안 된다는 말처럼 들리기도 합니다.

· ✦ ·

모든 것이 변화하여 생기는 것을 끊임없이 관찰하며, 우주 만물이 현존하는 것을 변화시키고 그와 동일한 새로운 것을 만들어 내는 것만큼 바람직한 일도 없다고 생각하는 습관을 들여라(4. 36).

· ✦ ·

자연은 변화를 좋아한다는 말입니다. 인간이 죽는 것은 개인에게도 변화지만, 자연도 인간의 죽음으로 변화하여 새로워진다는 말이지요.

죽음은 변화이기도 합니다.

\#죽음도인생의일부 \#우리는끊임없이변한다 \#자연은변화를좋아한다

죽음은 휴지다

죽음은 변화이자 휴지(休止)라고 아우렐리우스는 말합니다.

· ✦ ·

죽음을 무시하지 말고 자연이 바라는 것의 하나로 받아들여
라. 젊음이 지고 나이가 들 듯이, 성장하여 성숙해지듯이, 이
가 나고 수염을 기르고 흰머리가 자라듯이, 씨를 받아 임신하
고 출산하듯이 인생의 시절마다 찾아오는 자연의 과정 중 하
나로 붕괴되는 것(죽음)도 있는 법이다(9. 3).

· ✦ ·

여기에서도 아우렐리우스는 죽음을 '자연이 바라는 것'의
하나이자 '인생의 시절'이 가져다주는 '자연의 과정 중 하나'라
고 봅니다. 그러면서 젊음이나 성숙같이 보통 인간이 긍정적으

로 받아들이는 요소와 노화와 죽음을 나란히 놓습니다.

죽는 것은 미지의 영역이라서 변화로 받아들일 수 있지만 늙는 것은 체험 가능한 변화라서 자연이 바라는 것으로 받아들이기는 어려울 것입니다. 아우렐리우스는 다음과 같이 말합니다.

+ ◆ +

활동, 충동, 판단의 정지는 말하자면 죽음이지만 죽음이 해악은 아니다. 이번에는 인생의 시절에 눈을 돌려라. 유년기와 소년기, 청년기, 노년기로. 이런 변화도 단계별로 보면 전부 죽음이다. 허나 그렇다고 해서 두려움을 느끼지 않을 것이다. 이번에는 할아버지 밑에서 지냈던 생활, 어머니 밑에서 지냈던 생활, 아버지 밑에서 지냈던 생활에 눈을 돌려라. 그때 겪은 수많은 소멸과 변화, 정지에 대해서 자신에게 물어라. '두렵지 않지?'라고. 그러하다면 너의 생활 전반에 일어날 정지, 휴지, 변화도 두려워할 필요가 없다(9. 21).

+ ◆ +

활동, 충동, 판단의 정지는 노화와 질병을 가리킵니다. 이러한 것은 '말하자면 죽음'이지만 '휴지'에 불과하며 해악은 아니다. 따라서 죽음은 해악이 아니라고 아우렐리우스는 말합니다. 다만 노화와 질병을 '휴지'라고 보는 시각에는 무리가 있어 보입니다. 수많은 질병과 노화는 불가역적, 다시 말해 원래대로 돌아갈 수 없는 성질이기 때문입니다.

이어서 아우렐리우스는 '인생의 시기'마다 일어나는 변화를 예로 들며, 유년기에서 소년기로의 변화는 죽음이지만 아무도 두려워하지 않는 것처럼, 죽음도 삶에서 다른 시기로 변화하는 과정에 불과하므로 두려워할 필요가 없다고 말합니다.

유년기에서 소년기, 그리고 청년기로의 변화를 많은 사람들이 바람직하게 여깁니다. 그런데 노년기로 변화하는 것은 두려워하진 않아도 탐탁지 않게 여기는 사람이 적지 않습니다. 자연의 한 과정이라 해도 퇴화하는 것으로 보기 때문입니다. 신체 기능이 약해지고 얼굴에 주름이 지고 건망증이 심해지면 나이 들고 병에 걸리는 것을 부정적으로 보게 되는데, 아우렐리우스는 이를 휴지, 변화로 보는 것입니다. 죽음에 대해서는 이보다 더 부정적으로 보지만, 죽음도 노화, 질병과 마찬가지로 휴지, 변화일 뿐, 해악이 아니라고 아우렐리우스는 말합니다.

하지만 질병, 노화와 죽음 사이에는 결정적 차이가 있습니다. 병에 걸리거나 나이가 드는 전후에는 인격의 연속성이 있습니다. 겉모습이 변해서 옛 모습이 사라지면 다른 사람은 몰라볼 수 있어도 자기 자신만은 누군지 알 수 있지요.

그러면 죽음은 어떨까요. 죽어서도 인격의 연속성이 유지될 수 있을까요? 그것은 아무도 알지 못합니다. 이것이 죽음을 다른 변화와 똑같이 보기 어려운 이유입니다. 아우렐리우스는 죽음은 '휴지'라고 했지만 음악은 일단 멈췄다가 다시 시작할 수 있어도 인간은 죽으면 두 번 다시 새로운 삶을 시작할 수 없습니다.

저는 아우렐리우스처럼 죽음과 노화, 질병 등의 유사성을 강조하기보다는 양측 사이에는 조금도 비슷한 데가 없으며 삶과 죽음 사이에는 절대적 단절, 즉 '심연'이 있다는 것을 고려해야 한다고 생각합니다. 왜 그렇게 생각하는지는 끝에서 밝히겠습니다.

유년기에서 소년기로의 변화는 죽음이지만

아무도 두려워하지 않는 것처럼.

죽음도 삶에서 다른 시기로 변화하는 과정에 불과하므로

두려워할 필요가 없습니다.

#내인생의 #변곡점은언제 #지금은어느시점 #끊임없이변하는중

죽음은 권내에 없다

아우렐리우스는 '권내에 없다'는 표현을 씁니다. 컨트롤할 수 없는, 힘이 미치지 않는다는 의미입니다. 질병, 노화도 권내에 있지 않습니다. 하물며 자신이 언제 죽을지 모르고, 언제 죽을지도 정할 수 없습니다. 죽음을 피할 수도 없습니다. 그런 의미에서 죽음은 인간의 권내에 있지 않습니다. 그렇다면 죽음을 어떻게 바라보는 게 좋을까요.

· ✦ ·

인생의 남은 날이 날마다 줄어드는 것만을 고려해야 하는 것은 아니다. 이보다 더 오래 살 수 있다 해도 지금까지와 다름없이 사물을 이해하고 신들과 인간을 두루 살필 수 있을지 확실히 알 수 없다는 점도 고려해야 한다.

그도 그럴 것이 인간은 망령이 나도 숨 쉬고 영양을 섭취하고 상상하고 뭔가를 바라는, 그런 능력이 없어지는 것은 아니지만, 자신이 해야 할 의무를 헤아리고, 눈에 보이는 일들을 면밀하게 검토하는 능력, 언제 목숨을 끊어야 하는지 아는 능력, 나아가서는 이처럼 훈련받은 사고가 더 크게 필요한 사안을 숙고하는 능력이 먼저 사라지기 때문이다. 그래서 서두르지 않으면 안 된다. 시시각각 죽음이 다가와서가 아니라 사물을 통찰하고 이해하는 작용이 죽는 것보다 먼저 멈추기 때문이다(3. 1).

· ✦ ·

아우렐리우스는 죽음 자체를 두려워했다기보다 그 전에 '훈련받은 사고가 절실히 필요할 때 숙고하는 능력'이 퇴화하는 것을 두려워했습니다. 주목할 것은, 숙고할 때 '언제 목숨을 끊어야 하는가'라는 문제도 포함된다는 점입니다. 이를 다시 말해 이성적 판단을 하지 못하게 될까 봐 두려워하는 게 아니라 이 세상에서 물러나는 시기를 판단하지 못하게 될까 봐 두려워한다는 뜻입니다. 언제 죽어야 하는지 판단하지 못하고 오래 살면, 그 상태로 사는 것이 악이 되고 반대로 판단 능력을 잃기 전에 죽는 것이 선이 됩니다.

아우렐리우스는 자연에 일치되어 사는 것을 중요하게 여겼습니다. 여기서 자연은 우주의 질서를 가리키는 법칙(이성), 로고스를 의미한다고 1장에서 말했습니다. 인간도 '이 로고스의 일부인 이성을 공유'하고 있으므로 자연에 따라 산다는 것은 이성에 따라 산다는 뜻이 되겠지요. 따라서 이성을 잃은 상태로 살면, 자연에 따라 살 수가 없게 됩니다. 그런데 이성적인 판단을 하지 못하면 과연 살 가치가 없는 것일까요. 이 문제에 대해서도 뒤에서 이야기해 보겠습니다.

인생의 남은 날이
날마다 줄어드는 것만을 고려해야 하는 것은 아니다.
이보다 더 오래 살 수 있다 해도 지금까지와 다름없이
사물을 이해하고 신들과 인간을 두루 살필 수 있을지
확실히 알 수 없다는 점도 고려해야 한다.

#판단기준세우기 #이성적으로살기 #이성과감성사이 #주변을살피는지혜

죽음을 무시하지 않는다

아우렐리우스는 생각이 흔들리는 것처럼 보입니다.

· ✦ ·

> 죽음에 대해 조잡, 성급하고 오만한 태도를 취하지 말고 자연
> 의 한 과정으로서 기다려라. 또 네 아내의 배 속에서 아기가
> 나오는 것을 기다리듯이, 너의 정신이 그 그릇(육체)에서 떨
> 어져 나올 때를 맞이하는 것이 사려 있는 인간에게 어울리는
> 행동이다(9. 3).

· ✦ ·

여기에서도 아우렐리우스는 죽음을 탄생과 나란히 자연의
한 과정으로 봅니다. '죽음에 대해 조잡한 태도를 취한다'는 것
은 죽음에 무관심하다는 뜻입니다. '성급한 태도를 취한다'는 말

은 너무 쉽게 삶을 포기한다는 뜻이고, '오만한 태도를 취한다'
는 것은 자기만은 죽을 리가 없다고 생각한다는 뜻입니다.

아우렐리우스는 죽음을 아이가 어머니의 몸속에서 나오는
것에 비유합니다. 죽음은 그와 반대로 '영혼이 그 그릇(육체)에
서 떨어져 나오는' 것이며, 달이 차면 아이가 태어나듯, 육체에서
떨어져 나올 때를 맞는 것이 사려 있는 인간에게 어울린다고 말
합니다.

이는, 아우렐리우스가 '정신 능력, 판단 능력이 약해지는 것
이 두려워' 삶을 포기하는 사람을 언급한 다른 글과는 모순된 것
처럼 보입니다.

'죽음에 대해 조잡한 태도를 취한다'는 것은
죽음에 무관심하다는 뜻입니다.
'성급한 태도를 취한다'는 말은
너무 쉽게 삶을 포기한다는 뜻이고,
'오만한 태도를 취한다'는 것은
자기만은 죽을 리가 없다고 생각한다는 뜻입니다.

#내가생각하는죽음 #나는죽음을준비하고있는가 #삶에대한자세

어떻게 살아야 할까

죽음은 권내에 없지만, 죽음을 어떤 태도로 받아들여야 하는지는 정할 수 있습니다. 죽음과 어떻게 마주하면 좋을까, 아우렐리우스가 한 말을 기준으로 생각해 봅시다.

+ + +

해야 할 일을 할 때, 추운지 더운지, 잠이 부족한지 충분히 잤는지, 남에게 좋은 말을 듣는지 나쁜 말을 듣는지, 죽어가는지 다른 무언가를 하고 있는지로 태도에 차이를 두지 말라. 왜냐하면 우리가 죽는 것도 인생의 한 과정이기 때문이다. 그래서 그날이 와도 눈앞에 주어진 일을 잘 처리하는 것으로 충분하다(6. 2).

+ + +

여기서는 죽음을 '인생의 한 과정'이라고 말합니다. 무슨 일이 있어도, 설령 절박한 상황에 놓여도 해야 할 일을 할 때는 태도를 바꿔서는 안 된다고 아우렐리우스는 말합니다. 해야 할 일을 다른 말로는 '의무'라고 합니다.

· ◆ ·

나는 나의 의무를 다한다. 다른 일에 주의를 빼앗기지 않는다
(6. 22).

· ◆ ·

황제로서의 의무만을 말하는 것은 아닐 것입니다. 인간으로서 어울리는 일, 자연에 따라 바르게 산다는 뜻입니다. 설령 죽음이 목전에 와도 그러한 의무를 소홀히 하지 않겠다는 뜻입니다.

'다른 일에 주의를 빼앗기지 않는다'라고 할 때, 이 '다른 일'에는 '죽어가는' 상황까지 포함됩니다. 죽음도 '인생의 한 과정'이라서 자신의 상태와 자신이 처해있는 상황과는 별개로 해야 할 일을 해야 하는 것처럼, 죽음이 머지않았을 때도 자신이 해야 할 일을 하는 수밖에 없다는 뜻입니다.

태도를 바꾸지 않으려면 평소에 훈련을 해둬야 합니다. 몸이 아프면 마음이 불안정해져서 아침부터 아무에게나 공연히 화를 낼 수도 있습니다. 그런 사람은 주변 사람들이 질려서 피하게

됩니다. 종기를 만지듯 조심스럽게 대해야 하기 때문입니다.

죽음이 목전에 다가오면 불안이 엄습합니다. 그럴 때, 건강했을 때처럼 행동하기는 어렵지만, 그래도 눈앞에 닥친 일을 똑바로 처리하지 않으면 안 됩니다.

플라톤은 사형을 앞둔 소크라테스에게 '인간은 평온함 속에서 죽지 않으면 안 된다(플라톤, 《크리톤》)'고 말하는데 이는 영혼이 죽지 않는다고 확신해서 한 말이 아닙니다. 영혼이 불사이든 아니든, 죽는 것도 인생의 한 과정이니 해야 할 일은 꼭 다 해야 한다는 의미로 해석할 수 있습니다.

소크라테스의 마지막 말은 다음과 같습니다.

"이보게 크리톤, 아스클레피오스에게 닭 한 마리를 빌렸다네. 잊지 말고 반드시 갚도록 하게."

"그렇게 하지. 따로 전할 말은 없나."

(플라톤, 《파이돈》)

그렇게 물었지만 이미 온몸에 독이 퍼진 소크라테스는 대답을 할 수가 없었습니다. 질문한 사람은 뭔가 할 말이 있을 거라 생각하고 대답을 채근했겠지만 소크라테스는 그저 '의무'를 다 하려고 했을 뿐입니다. 이제 곧 죽는다고 해도 의무를 소홀히 해서는 안 되는 것입니다.

· ✦ ·

> 영혼이 소멸되든 흩어지든 존속하든 육신에서 분리될 때, 그러기를 각오한 영혼은 얼마나 근사한가. 허나 그런 각오를 할 때는 자신의 판단이 우선되어야 한다(11. 3).

· ✦ ·

인간은 죽으면 어떻게 될지 모릅니다. 아우렐리우스는 다만 죽음이 뭐든 간에 살아있을 때의 태도와 삶의 자세가 달라지는 건 이상하지 않느냐고 말하는 것입니다. 죽은 후에도 인간이 삶을 연장할 수 있다면 이 세상에 선한 행동을 하겠지만 무(無)가 되어 사라진다면 자포자기를 하게 될 거라는 것은 좀 이상하지요.

아우렐리우스는 죽음을 '각각의 생물이 합성되어 있는 원소로 해체되는 것(2. 17)'이라고도 말했습니다. 여기에서도 해체되고, 소멸되고, 흩어질 가능성을 언급하는데, 영혼이 사후에도 존속되는 것을 하나의 가능성으로만 꼽습니다. 다시 말해, 영혼이 불사일 가능성을 전혀 고려하지 않는 건 아니지만 죽음이 어떤 것인지 모르는 이상, 아우렐리우스도 죽음을 '각오'해야 한다는 것입니다.

영혼이 불사이든 아니든,

죽는 것도 인생의 한 과정이니

해야 할 일은 꼭 다 해야 합니다.

오늘이마지막날이어도 #할일은한다 #오늘의의무는 #할일다마치기

죽음에 사로잡히지 않고 산다

죽음을 걱정하거나 두려워하지 않고 '지금을 사는' 것에 전념하는 것이 아우렐리우스가 생각하는 죽음의 대처법입니다. '지금, 여기를 산다'는 사고방식은 비관주의에 반대되는 개념입니다. 어차피 죽을 테니 '지금을 살자', 다시 말해, 지금을 즐기자고 결심하는 것은 언젠가 반드시 죽는다는 사실을 잊기 위한 방편에 불과합니다. 죽는다는 사실을 잊으려고 하면 인간이 직면해야 하는 죽음에 관한 문제는 해결하지 못합니다. 눈앞에 열려있는 심연을 외면하면 일시적으로는 불안에서 도망칠 수 있지만 그것이 죽음의 위험에서 해방되는 것은 아닙니다. 죽음을 두려워하면 사는 데 지장이 생기고 죽음에 대해 생각하지 않으려 하면 도리어 죽음에 사로잡히게 됩니다.

···

에픽테토스는 말한다. "아이에게 키스를 할 때, '아마 너는 내일 죽겠지' 하고 마음속으로 속삭여야 한다. 그것이 불길한 말이라고 생각하는가?" 그는 아니라고 말한다. "불길한 말이 아니라, 자연의 한 과정을 의미할 뿐이다. 그렇지 않으면 보리를 베는 것도 불길한 것이 된다."(11. 34)

···

아우렐리우스는 보리를 베는 것이 불길하지 않은 것처럼, 죽음이 불길하다는 것을 부정합니다. 죽음은 자연의 한 과정이기 때문입니다. 하지만 죽음이 불길한 것이 아니라면 왜 '아마 너는 내일 죽을 것이다'라고 마음속으로 되뇌어야 하는 것일까요.

아우렐리우스는 지금을 즐기기 위해서는 내일 죽을지도 모른다고 생각해서는 안 된다고 말하는 게 아니라, 오히려 죽음을 외면해서는 안 된다고 말하는 것입니다.

아이와 보내는 행복한 시간은 영원히 계속되지 않습니다. 그러한 사실을 잊지 않기 위해 '이 아이는 내일 죽을 것'이라고 생각했는지도 모릅니다. 아마도 최악의 사태를 예상해 두면 실제로 예상한 일이 일어났을 때 충격이 적을 것이라고 생각한 것은 아닐까요.

　하지만 최악의 사태를 염두에 두고 사는 것은 너무나 소극적인 태도입니다. 이러한 소극적인 태도는 죽음을 외면하는 것만큼이나 지금을 즐기지 못하게 하는 장애가 됩니다. 그러니 차라리 내일 죽을지도 모른다고 생각하고 더욱더 '지금'을 살았으면 하는 바람입니다. 머지않아 생각이 거기에 미치면 자신이 내일을 걱정하지 않고, 죽음을 두려워하지 않고 살고 있다는 것을 깨닫게 될 것입니다.

차라리 내일 죽을지도 모른다고 생각하고
더욱더 '지금'을 살았으면 하는 바람입니다.

삶과 죽음의 절대적 단절

아우렐리우스는 죽음을 두려워하지 않아도 되는 이유로, 죽음은 그저 자연의 한 과정이며 그것이 인생의 어떤 한 과정과 다르지 않다는 것을 꼽았습니다. 하지만 그렇다고 죽음을 특별하게 보지 않으면 다음과 같은 문제가 생깁니다.

미키 기요시는 죽음이 절대적 '타자'라고 말합니다(《철학적 인간학(哲学的人間学)》). 가령, 타인에 대해서는 어느 정도 이해는 가능하지만 그 사람이 이러이러한 사람이라고 상상하는 것은 그 사람에 관한 '관념'에 불과하다는 것입니다.

'이해한다'는 프랑스어로 'Comprendre'라고 합니다. '포함한다'는 의미지만, 완전히 포함할 수는 없습니다. 포함할 수 없는, 다시 말해 이해를 뛰어넘는 부분이 반드시 있게 마련입니다.

　이렇게 어떠한 주제든 대화를 통하면 어느 정도의 이해는 가능하지만 '죽음'은 그렇지가 않습니다. 그런 의미에서 죽음은 절대적 타자인 셈입니다. 그래서 삶에서의 유추를 통한 '관념'으로서밖에 알 수가 없습니다. 죽음에 관해 고찰할 때는 이러한 한계가 있다는 걸 알아둬야 합니다.

　삶과 죽음에는 연속성이 있다고 생각하는 사람이 있습니다. 아우렐리우스 본인도 어떤 형태로든 사후에도 영혼이 존속된다고 믿었겠지만, 인격의 연속성까지 보장된다고는 믿지 않았습니다. 죽은 후에는 뿔뿔이 흩어진다고 생각했습니다. 저는 삶과 죽음에는 절대적인 대립, 단절이 있다고 보고 논리적으로 고찰해봐야 한다는 입장입니다. 그러는 방법밖에는 없을 뿐만 아니라 그렇게 하지 않으면 안 되는 것이기 때문입니다.

　논리적 사고를 그만두고 마치 죽음이 없는 것처럼, 삶과 죽음의 절대적 단절을 뛰어넘을 수 있다고 생각하면 죽음의 공포도 극복이 가능해 보일지 모릅니다.

가족을 잃은 사람들은 죽은 가족이 단지 먼 곳으로 여행을 떠난 것일 뿐 생전과 다름없이 지내고 있다고 생각합니다. 저도 그 심정은 충분히 이해합니다. 하지만 그런 생각은 위험합니다.

다나베 하지메◆³는 전쟁이 한창이던 시기, 전장으로 향하는 학생에게 '자진하여 자유로이 죽음으로써 죽음을 뛰어넘는다(《역사적 현실(歷史的現実)》)'라고 설파했습니다. 하지만 그렇게 해서 죽음을 뛰어넘을 수도 없거니와 뛰어넘어서도 안 되는 것입니다.

인간관계 역시 때로는 번거롭고 성가시게 느껴지겠지만 지금의 삶에 발을 디디고 서서, 타인과 공생하기 위해 애를 써야 합니다.

인간관계 역시 때로는 번거롭고 성가시게 느껴지겠지만

지금의 삶에 발을 디디고 서서,

타인과 공생하기 위해 애를 써야 합니다.

인간의 가치

《명상록》을 읽다가 막히는 순간은, 아우렐리우스가 지적 능력이 떨어지면 살아갈 가치가 없다고 생각하는 대목을 읽을 때입니다. 병이 들고 나이가 들어 아무것도 하지 못하면 그 사람은 살아갈 가치가 없는 걸까요? 아니, 그렇지 않습니다. 오늘 연명치료를 받지 않겠다고 결심한 사람은 지적 능력이 약해지는 것이 두려워서 결심을 한 것일 수도 있지만 가족에게 피해를 주고 싶지 않아 그런 결심을 했을 공산이 큽니다. 아우렐리우스도 다음과 같이 말했습니다.

· ✦ ·

도움받는 것을 부끄러워하지 마라(7. 7).

· ✦ ·

아우렐리우스는 전장에서 임무를 수행하기 위해 타인에게 도움받는 것을 부끄러워하지 말라고 말했습니다. '산다는 일'을 해내기 위해서라도 타인에게 도움을 받아야 하며, 피해를 준다고 생각해서는 안 된다는 것입니다.

2장에서 보았듯이 아우렐리우스는 인간이 협력하기 위해 태어났다고 말했습니다(2. 1). 아우렐리우스의 말에 따르면, '무슨 일이 있어도 해야 하는 의무'란, 자연에 따라 바르게 사는 것이며, 바른지 아닌지는 인간관계 속에서만이 문제가 된다는 것입니다.

죽음은 다른 것들과 마찬가지로 인생의 한 과정입니다. 죽음이 임박해도 그때의 상태가 어떠하든, 사는 것이 의무라고 생각합니다. 사는 것 자체로 가치가 있으며 타인에게 공헌할 수 있기 때문입니다.

'산다는 일'을 해내기 위해서라도

타인에게 도움을 받아야 하며

피해를 준다고 생각해서는 안 됩니다.

#도움을주는사람 #도움을받는사람 #오늘받은도움 #도움요청을망설이지말기

─┤ 주석 ├─

◆ 1 미키 기요시

三木清(1897~1945). 철학자. 교토제국대학에서 니시다 기타로(西田幾多郞)에게 사사했다. 독일과 프랑스에서 유학하고 1927년에 호세이대학 교수가 되었는데 이때 발표한 마르쿠스 연구가 큰 주목을 받았다. 1930년, 치안유지법으로 검거된 뒤에도 활발한 언론 활동을 펼쳤다. 1945년에 다시 치안유지법으로 검거되고 나서는 패전 후에도 석방되지 못하고 9월에 옥사한다. 《철학 입문(哲学入門)》과 사후에 간행된 《인생론 노트(人生論ノート)》가 전후 베스트셀러에 오른다.

◆ 2 키르케고르

쇠렌 키르케고르Søren Kierkegaard(1813~1855년). 덴마크의 철학자이자 신학자. 코펜하겐대학에서 공부하고 베를린에 머물다 귀국한 1842년부터 저술 활동을 시작한다. 자신의 체험을 통해 불안과 절망을 실체로 한 인간성을 희구하여 니체와 어깨를 나란히 하는 '실존철학'의 효시가 된다. 저서로 《이것이냐 저것이냐(Enten—Eller)》《불안의 개념(Begrebet angest)》《죽음에 이르는 병(Sygdommen til døden)》 등이 있다.

◆ 3 다나베 하지메

田邉元(1885~1962년). 철학자. 도쿄제국대학 수학과에 입학했으나 철학과로 전과하여 졸업한다. 도호쿠제국대학에서 강사로 있다가 1919년, 니시다 기타로의 초빙을 받고 교토제국대학으로 자리를 옮긴다. 니시다와 함께 독창적 사상을 형성하여 '교토학파'의 초석을 다진다. 저서로 《과학개론(科学概論)》《헤겔 철학과 변증법(ヘーゲル哲学と弁証法)》 등이 있다.

Marcus Aurelius

'서문'에도 썼지만 《명상록》은 어머니가 뇌경색으로 입원하고 병원에 머물며 간병을 하던 시기에 읽은 책입니다. 그 시절, 저는 매주 플라톤 독서회에 참여했었습니다. 어머니를 간병해야 해서 참가하지 못할 것 같다고, 간사였던 선생님에게 전화를 했더니 "이럴 때 도움이 되는 것이 철학이야"라고 말해서 놀랐습니다. 철학은 쓸모없다고 세간에서 떠드는 소리만 듣다가, '쓸모가 있다'는 뜻밖의 말을 들어서인지 그 말이 오랫동안 제 가슴에 남았습니다.

몸을 마음대로 움직이지 못하다가 이윽고 의식까지 잃고 누워있는 어머니를 보면서, 이런 상태에서도 인간은 살아갈 의미가 있을까, 의문이 들었습니다. 어머니와 이별할지도 모른다는 절망적 상황 속에서 아우렐리우스의 말은 삶의 지침이 되었습니다. 철학을 배우지 않았더라면 어머니의 죽음을 극복하지 못했을 것입니다. 그런 의미에서 철학은 저에게 쓸모가 있다고 할 수 있습니다.

특히나 아우렐리우스의 말이 제 마음에 크게 와닿았습니다. 실천적인 철학이었기 때문입니다. 그렇지만 《명상록》으로 마음의 평안을 얻을 수 있을 것이라고 기대하지는 않았습니다. 《명상록》이 아우렐리우스가 사색한 결론만을 기록한 책은 아니기 때문입니다. 아우렐리우스 자신도 끝없이 갈팡질팡하며 옳다고 믿는 것을 실천하지 못하는 자신을 호되게 질타했습니다. 덕분에 아우렐리우스에게도 철학을 실천하는 일이 쉽지 않았다는 것을 알고 안도했습니다만.

여러분도 이 책을 읽으며 정답이 없는 질문을 앞에 두고 많은 생각을 하게 되겠지만, 스스로 고민하며 정답에 이르는 과정을 거치지 않으면 철학을 하는 의미가 없습니다. 오랜 세월 많은 사람에게 읽혀온 고전이라도 거기에 쓰여있는 글을 무작정 받아들여서는 안 되고 비판적으로 읽어야 합니다. 물론 《명상록》도

예외가 아닙니다. 현대를 사는 우리에게는 이제 맞지 않는 글도 있습니다만, 아우렐리우스를 추종만 하지 말고 이상한 데는 없는지 황제와 대화를 거듭하며 읽다 보면 많은 것을 배울 수 있을 것입니다.

2022년 12월

기시미 이치로

◆《명상록(자성록)》의 번역

– 마르쿠스 아우렐리우스《자성록》.

가미야 에미코 번역, 이와나미문고, 1956년, 개정판 2007년.

가미야는《자성록》을 자신의 '인생책'으로 꼽으며 이것을 통해 외부에 있는
것을 내 안에 어떻게 받아들여야 하는지 고민하는 것이 매우 중요하다는 것
을 깨달았다고 한다. "《자성록》을 만난 후로 사람들은 내 성격이 밝아지고
주변 사람들과 더 활발히 지내는 것 같다고 말해주었다(《편력》)."

– 개정판에서는 가네토시 다쿠야(兼利琢也)의 최신 연구를 바탕으로 역주를
보정했다.

– 다음 번역물은 정확성을 바탕으로 하는 전문 연구자들이 번역한 책이다. 주
석은 책을 읽을 때 유용하다.

마르쿠스 아우렐리우스,《자성록》, 미즈라 무네아키(水地宗明) 번역, 교토대
학학술출판회, 1998년.

마르쿠스 아우렐리우스,《자성록》, 스즈키 데루오(鈴木照雄) 번역, 고단샤학
술문고, 2006년.

미즈라 무네아키,《주해 마르쿠스 아우렐리우스 '자성록'》, 법률문화사, 1990년.

◆ 마르쿠스 아우렐리우스《명상록(자성록)》참고도서

오기노 히로유키(荻野弘之),《마르쿠스 아우렐리우스 '자성록' 정신의 성채》,
이와나미서점, 2009년.

아일리우스 스파르티아누스 외,《로마 황제 군상 I》, 미나미카와 다카시(南
川高志) 번역, 교토대학학술출판회, 2004년.

기시미 이치로,《마르쿠스 아우렐리우스 '자성록'을 읽는다》, 쇼덴샤신서,
2022년.

◆ 스토아철학 참고도서

우치야마 가쓰토시(內山勝利) 책임편집, 《철학의 역사2 - 제국과 현자》, 중앙공론신사, 2007년.

구니카타 에이지(國方栄二), 《그리스·로마 스토아파의 철인들》, 중앙공론신사, 2019년.

구니카타 에이지, 《철인들의 인생담의 스토아철학을 읽는다》, 이와나미신서, 2022년.

장바티스트 구리나Jean-Baptiste Gourinat, 《스토아파》, 가와모토 아이(川本愛) 번역, 문고크세주(하쿠수이샤), 2020년.

1. 머지않아 너는 곧 죽을 것이다. 그런데도 마음은 겉과 속이 달라서 평정을 유지하지 못한다. 밖에서 누가 해치지 않을까 의심을 거두지 못하고 모든 사람을 친절하게 대하지도 못한다. 사려 깊은 행동이 옳다는 생각도 하지 못한다(4. 37).

2. 네가 이런 꼴을 당하는 것도 당연하다. 오늘 선해지기보다도 내일 선해지려고 하기 때문이다(8. 22).

3. 너 자신에게 해내기 어려운 일이 있다고 해서 그것이 다른 사람에게도 해낼 수 없는 일이라고 생각해서는 안 된다. 그보다 다른 사람이 해내기에 딱 맞는 일이라면 너도 해낼 수 있다고 생각하라(6. 19).

4. 모든 것이 덧없다. 기억을 하는 것도 기억의 대상이 되는 것도(4. 35).

5. 너는 머지않아 모든 걸 잊으리라. 그리고 너에 관한 모든 것도 머지않아 잊혀질 것이다(7. 21).

6. 우리를 지킬 수 있는 것은 무엇인가. 그것은 오직 철학뿐이다(2. 17).

7. "아이를 잃지 않게 해달라"고 말하는 사람이 있다. 허나 너는 이렇게 말해야 한다. "잃는 것을 두려워하지 마라"(9. 40)

8. 플라톤의 국가를 바라지 마라. 조금이라도 전진했으면 그걸로 만족하라. 그리고 그 성과를 하찮은 것으로 여기지 마라(9. 29).

9. 이른 아침에 너 자신에게 말하라. 나는 오늘도 주제넘게 참견하고 다니는 사람, 배은망덕하고 오만한 사람, 남을 잘 속이고 질투가 많은 사람, 사교성이 없는 무례한 사람과 만날 것이라고(2. 1).

◇

10. 그들은 서로 경멸하면서도 서로에게 잘 보이려고 아첨한다. 그리고 상대보다 우월해지려 애쓰면서도 서로에게 양보하는 모습을 보인다(11. 14).

11. 황제처럼 굴지 말고 황제의 자리에 물들지 않게 주의하라. 실제로 그렇게 될 수 있기 때문이다(6. 30).

12. 사람이 살 수 있는 곳이라면 어디서나 선하게 살 수 있다. 궁정에서도 사람이 살 수 있다. 따라서 궁정에서도 선하게 살 수 있다(5. 16).

13. 네가 지금 처해있는 상황만큼 철학을 하기에 적합한 생활이 없다는 것이 분명히 납득되지 않는가(11. 7).

14. 그렇다면 너는 너 스스로 순수하고, 선량하고, 때 묻지 않고, 위엄 있고, 겉치레가 없으며 정의로운 친구이자, 경건하고, 친절하고, 다정하고 의무를 열심히 다하는 사람이 되어라. 철학이 너를 만들고자 하는 사람이 되기 위해 변함없이 힘써라. 신들을 공경하라. 인간을 구원하라. 인생은 짧다(6. 30).

15. 만약 네게 계모와 생모가 같이 있다면 계모를 모시면서도 끊임없이 생모 곁으로 돌아가려 할 것이다. 그것이 지금 네게는 궁정과 철학이다. 철학으로 종종 돌아가서 거기에 몸을 맡기고 쉬어라. 그러면 너는 궁정에서의 일도 감내할 수 있다 느낄 것이고 너도 궁정 생활을 견딜 수 있는 사람으로(다른 사람에게) 보일 것이다(6. 12).

16. 육신은 전부 강물처럼 흘러가 버리고 영혼은 꿈이자 망상이다. 인생은 전쟁이며 손님으로 잠시 머물다 간다. 후세에 남는 거라곤 망각뿐이다(2. 17).

17. 우리를 지켜줄 수 있는 건 무엇인가. 오직 철학뿐이다. 그 철학이란 내면에 있는 다이몬(신령)이 더럽혀지거나 다치지 않게 해주고 쾌락과 고난을 이겨내게 해주며 허튼소리를 하거나 기만과 위선을 떨지 않게 막아주고 타인이 무엇을 하든 거기에 구애받지 않게 끝까지 지켜준다(2. 17).

18. 네 인생 전반을, 혹은 성인이 되고 나서 지금까지 학자로 살기는 이미 불가능하다는 것, 네가 철학에서 멀어졌다는 것이 너는 물론이고 다른 수많은 사람들의 눈에도 확실하여 허영심을 버리는 데 도움이 된다. 너는 이미 세속에 물들어 철학자로서 명성을 얻기가 쉽지 않다. 생활 기반도 그것을 부정한다(8. 1).

19. 이제 선한 사람이 어떤 사람인지 논의는 그만두고 실제로 그런 사람이 되어라(10. 16).

20. 네 자신의 자연과 공통의 자연에 따라 한눈팔지 말고 쭉 뻗은 길을 걸어라. 이 두 개의 길은 하나이다(5. 3).

21. 우주가 무엇인지 모르는 자는 자연이 어디에 있는지도 알지 못한다. 자신이 본래 무엇을 위해 존재하는지 모르는 자는 자신이 어떤 사람인지, 우주가 무엇인지도 알지 못한다(8. 52).

22. 신들과 함께 살아라. 자신의 영혼이 (신에게) 주어졌음에 만족하며 제우스가 자신의 분신으로서 개개인에게 부여한 감독자, 지도자의 다이몬이 바라는 것, 행하는 것을 신들에게 부단히 보여주는 자는 신들과 함께 사는 자들이다. 이는 개개인의 지성이며 이성(로고스)이다(5. 27).

23. 우주는 곧 국가다(4. 4).

24. 나의 자연은 이성적이며 국가·사회적이다. 안토니누스로서 내가 속한 국가와 조국은 로마이지만, 인간으로서 내가 속한 국가와 조국은 우주다(6. 44).

25. 무언가를 좇지도 피하지도 않는 삶을 산다(3. 7).

26. 자신에게 주어진 것(운명)을 사랑하고 환영하라(3. 16).

27. 죽기 직전, 나의 죽음을 기뻐하는 이가 없다면 그 사람만큼 행복한 사람도 없을 것이다. 허나 그가 어질고 훌륭한 사람이었다 해도 임종을 앞두었을 때는 주변에 이렇게 혼잣말하는 사람이 있을 것이다.
"우리는 이제 곧 이 '선생님'에게 해방되어 한숨 돌릴 거야. 선생님은 우리 중 누구에게도 화를 내거나 꾸짖은 적이 없지만 난 선생님이 말은 안 해도 우리를 못마땅하게 여긴다고 느꼈어."
훌륭한 사람의 경우가 이러한데, 이런저런 이유로 '선생님'에게 해방되고 싶은 사람이 얼마나 많을까. 그러니 죽어갈 때 이를 떠올리고 내가 그토록 열심히 기도하고 마음 써주던 친구들마저 내가 죽기를 바라고, 내 죽음으로 뭔가 다른 해방감이 생기기를 바라는 그런 삶에서 내가 빠져나오는 것이라고 생각하자. 그렇게 생각할 수 있다면 이 세상을 편하게 떠날 수 있을 것이다. 그러면 세상에 더 오래 머물려고 집착할 필요도 없어지지 않을까(10. 36).

28. 맨 처음 드러나는 표상이 말해주는 것 이상은 살을 붙여 말하지 마라. 아무개가 네 험담을 한다는 말을 전해 들었다. 그게 사실이라 해도 그걸로 네가 무슨 해를 입었는지는 전해 듣지 못했다. 내 아이가 아픈 것을 보았다. 그게 사실이라고 해도 위험한 상태로는 보이

지 않는다. 이렇게 늘 첫 표상만을 받아들이고 네 안에서 이것저것 살을 붙이지 마라. 그러면 네게는 아무 일도 일어나지 않는다. 아니, 우주에서 일어나는 모든 것을 아는 사람처럼 보이고 싶으면 살을 붙여 말하라(8. 49).

29. 네가 외부에 있는 어떤 것으로 인해 괴로워하고 있다면, 너를 괴롭 히는 것은 외부에 있는 그것이 아니라 너의 그 판단이다(8. 47).

30. 사물은 외부에 조용히 있을 뿐이어서 네 영혼을 건드리지 못한다. 고뇌는 오직 네 내면의 판단에서 생겨난다(4. 3).

31. 고통은 어디에 있는가. 네가 있을 것이라고 짐작하는 바로 그곳에 있다(4. 39).

32. 너를 괴롭히는 쓸데없는 고민들은 모두 너의 판단 속에 있고 너는 그것을 없앨 수 있다(9. 32).

33. 거짓되고 확실하지 않은 표상을 인정하지 않는다(8. 7).

34. 인간은 전원과 해변, 산지에 자신이 머물며 쉴 만한 장소를 찾는다. 너도 그런 장소를 열렬히 찾아왔다. 하지만 네가 원하기만 하면 너 는 언제나 네 안으로 들어가 쉴 수 있었다. 그래서 그 모든 생각이 더없이 어리석게 느껴진다(4. 3).

35. 네 내면을 파라. 계속 파다 보면 거기서 늘 용솟음치는 원천을 얻을 수 있다(7. 59).

36. 타인의 마음에 무슨 일이 일어나는지 주의를 기울이지 않는다고 해 서 불행한 사람은 없다. 하지만 자신의 마음이 어디로 움직이는지

주의 깊게 살피지 못하는 사람은 필연적으로 불행하다(2. 8).

37. 잘못을 저지른 자까지 사랑할 수 있는 건 인간뿐이다. 그들이 너와 동족이고 무지해서 본의 아니게 잘못을 저질렀으며 그들도 너도 머지않아 죽을 것이라고 생각해 보라. 그러면 너는 그들을 사랑할 수 있을 것이다. 무엇보다 그들은 너에게 아무런 해도 가하지 않았다. 왜냐하면 너의 지도적 부분(이성)이 전보다 나빠지지 않았기 때문이다(7. 22).

38. 누군가가 너에게 어떤 잘못을 저질렀을 때, 무엇을 선, 무엇을 악이라 여기고 잘못을 저질렀는지를 즉시 생각하라. 그러면 너는 그를 가련히 여기고 놀라지도 분노하지도 않게 될 것이다(7. 26).

39. 이 모든 것이 그들이 선악에 대해 무지해서 생겨난 일이다(2. 1).

40. 너는 무엇이 마음에 들지 않는가. 사람들이 사악한 것이 마음에 들지 않는가. 그렇다면 이성적 생물은 서로를 위해 태어났다는 것을 알고 마음을 진정시켜라. 서로 참아내는 것이 정의의 일부이며 인간은 본의 아니게 잘못을 저지른다는 것도(4. 3).

41. '모든 사람이 본의 아니게 진리를 잃는다'고 말한다. 정의, 절제, 친절, 그러한 모든 미덕도 마찬가지다(7. 63).

42. 그것을 알면, 그 순간, 너는 모든 사람을 부드럽게 대할 수 있을 것이다(7. 63).

43. 나는 나와 동족인 사람에게 화를 낼 수도 증오할 수도 없다. 왜냐하면 우리는 손과 발, 눈꺼풀, 윗니와 아랫니처럼 협력하기 위해 태어났기 때문이다. 서로 대립하는 건 자연에 반하는 짓이다. 분노하고

등을 돌리는 건 대립하는 것이다(2. 1).

44. 우리는 모두 하나의 목적을 달성하기 위해 협력한다. 이를 자각해 의식하고 협력하는 사람도 있고, 모르고 협력하는 사람도 있다(6. 42).

45. 화내지 말고 무엇을 잘못했는지 알려주고 보여주어라(6. 27).

46. 네가 화를 내도, 그들은 같은 행동을 할 것이다(8. 4).

47. 최고의 복수는, 나도 같은 사람이 되지 않는 것이다(6. 6).

48. 인간은 서로를 위해 태어났다. 그러니 모르는 게 있으면 알려주고 그게 아니면 참아라(8. 59).

49. 할 수만 있다면 알려주고 바로 잡아라. 그럴 수 없다면 이것(타자의 잘못)에 대해 관용이 너에게 주어졌다는 것을 기억하라(9. 11).

50. 누군가에게 친절을 베풀 때, 그 사람이 감사할 것을 계산에 넣는 사람이 있다. 또 그런 건 아니지만 자신이 한 행동을 기억하고 상대를 마음속으로 채무자로 보는 사람도 있다. 그런가 하면 아무것도 의식하지 않고 행동하는 사람도 있다. 그 모습이 꼭 포도송이를 주렁주렁 맺은 뒤에는 더 이상 아무것도 바라지 않는 포도나무와 닮았다(5. 6).

51. 아름다운 것은 무엇이든 그 자체로 아름답다. 칭찬이 자신이 아름다워지는 데 일조하지 않으며 그냥 거기에 끝난다. 칭찬을 받는다고 해서 더 악해지지도, 더 선해지지도 않는다(4. 20).

52. 화가 나려고 할 때 화를 내는 것이 남자다운 것이 아니다. 부드럽고

온화한 것이 더 인간적이고 남성적이라는 것을 염두에 두어야 한다(11. 18).

53. 강한 체력과 용기는 그런 사람의 것이지, 화를 잘 내고 불만이 많은 사람의 것이 아니다. 부동심(아파티아)에 가까워질수록 힘이 따라붙기 때문이다. 또 슬픔이 약자를 가리키는 증거이듯 분노도 약자라는 증거다. 그 사람이 어느 쪽(슬픈 사람이든 화난 사람이든)이든 그 사람은 누군가의 행동에 상처 입고 굴복한 것이다(11. 18).

54. 정념에서 자유로운 정신은 요새와 같다. 왜냐하면 인간에게는 이보다 나은 난공불락의 요새가 없어 거기로 피하면 이후 흔들리지 않는 사람으로 살아갈 수 있기 때문이다. 그러니 그것을 보지 못한 사람은 무지하고, 보고도 피하지 않은 사람은 불행하다(8. 48).

55. 판단을 하지 마라. 그러면 '해를 입었다'(라는 판단)도 하지 않을 것이다. '해를 입었다'고 판단하지 않으면 '해를 입었다'는 일 자체도 없어질 것이다(4. 7).

56. 타인이 뭘 하든 바라는 건 아무것도 없다(2. 17).

57. 내가 그들(잘못을 저지른 사람) 중 누구에게도 해를 입었다고 할 수 없다. 어느 누구도 나를 추악한 것으로 덮을 수는 없기 때문이다(2. 1).

58. 끊임없이 파도치는 땅 위에 서있어라. 버티고 서서 그 주변에 부서지는 물보라를 잠재워라(4. 49).

59. 본성이 감당하지 못하는 일은 누구에게도 일어나지 않는다. 다른 사람들에게도 똑같은 일이 일어나지만 일어난 걸 모르거나, 고매함을

과시하느라 해를 입어도 태연한 척한다. 무지와 허세가 사려보다 강력하다는 것은 조금 무섭다(5. 18).

60. '이런 일이 일어나다니 나는 불행하다' 그렇지 않다. '그런 일이 일어났는데도 쓰러지지 않고 미래를 두려워하지도 않고, 힘들어하지도 않고 멀쩡하게 있을 수 있다니 나는 행복하다' 그런 일은 누구에게나 일어날 수 있지만, 그렇다고 모두가 힘들어하는 것은 아니기 때문이다(4. 49).

61. 앞으로 너에게 슬픈 일이 찾아들 것 같으면 늘 다음의 원리가 작동된다는 것을 기억하라. 그것은 불행한 일이 아니다. 품격 있게 견뎌낼 수 있으니 외려 행복한 일이다(4. 49).

62. 더없이 멋지게 사는 힘은 선악을 구분하는 '선악무기(善惡無記)'에 무관심한 그 영혼 속에 있다. 그러한 것 하나하나를 부분적, 전체적으로 보면 그러한 것들이 우리에게 판단을 강요하지 않고, 우리에게 다가오지도 않는데, 우리가 그것에 대해 판단한다. 그 판단을 종이에 쓰지 않아도 되고, 썼다 해도 어차피 지워질 거라는 것을 기억하면 그것에 대해 무관심해질 수 있을 것이다(11. 16).

63. 일어나는 모든 일이 어렵고 힘겹게 느껴져도 기꺼이 받아들여라(5. 8).

64. 일어날 일은 전부 일어나게 되어있다(4. 10).

65. 자연을 따르면 나쁜 일은 하나도 일어나지 않는다(2. 17).

66. 일어나는 일들을 자신의 의지대로 따르는 것은 이성적인 동물에게만 허락된다(10. 28).

67. 흐름과 변화가 우주를 끊임없이 새롭게 한다. 끊임없이 지나가는 시간 흐름이 영원한 시간을 늘 갱신하듯이(6. 15).

68. 모든 것은 기본적으로 죽는다(10. 18).

69. 이제 너의 생애가 끝나려 한다. 그런데도 너는 네 자신을 존중하기 보다 타자의 정신 속에 네 자신의 행복을 맡기고 있다(2. 6).

70. 죽는 것은 태어나는 것과 마찬가지로 자연의 신비다(4. 5).

71. 설령 네가 삼천 년을 산다 한들, 삼만 년을 산다 한들 기억하라. 누구나 지금 사는 삶 외에 다른 삶을 사는 것이 아니며, 지금 놓쳐버린 삶을 사는 것이 아니라는 것을 말이다. 오래 살든, 짧게 살든 사는 것은 똑같다는 말이다. 지금이란 시간도 모든 사람에 동등하게 주어지며 놓치는 것도 마찬가지다. 다만 지금을 놓치는 것은 순식간이다. 과거와 미래의 삶을 놓칠 수 없기 때문이다. 있지도 않은 것을 어떻게 놓칠 수 있단 말인가(2. 14).

72. 인간은 저마다 지금만을 사는 동시에 지금만을 잃는다(12. 26).

73. 인간은 저마다 지금이라는 짧은 순간만을 산다. 그 외에는 이미 다 살았거나, 불확실하다(3. 10).

74. 모든 행위를 이 생의 마지막인 것처럼 하라(2. 5).

75. 완전한 인격이란, 하루하루를 마지막 날인 것처럼 살되 격렬해지지도 않고 무기력해지지도 않고 위선을 떨지도 않는 것이다(7. 69).

76. 이미 죽은 사람처럼, 이제 삶을 마감한 사람처럼, 앞으로 남은 인생은 덤이라 생각하고 자연에 따라서 살아야 한다(7. 56).

77. 지금을 본 사람은 영원의 시간에서 태동했고 앞으로도 무한히 존재할 모든 것을 본 것이다. 모든 것이 동일하고 같은 모습을 하고 있기 때문이다(6. 37).

78. 인생은 짧다. 생각을 깊이 하고 정의롭게 행동하고 지금을 낭비해서는 안 된다(4. 26).

79. 네가 먼 길을 돌고 돌아 도달하기를 바라는 모든 것을 네 스스로 거부하지만 않으면 이제 곧 너의 것이 되리라. 과거를 놔버리고 미래를 섭리에 맡기고 그저 지금을 경건하고 정의롭게 방향을 잡고 산다면.
'경건하게'라 말한 이유는 주어진 것(운명)을 사랑하기 때문이다. 왜냐하면 자연이 그런 운명을 너에게 가져다줬고, 너를 그런 운명으로 보냈기 때문이다. '정의롭게'란 에두르지 않고 자유로이 진실을 말하고 법을 지키며 적절한 방식으로 행동하게 된다는 뜻이다(12. 1).

80. 신들을 공경하라. 사람들을 구원하라. 인생은 짧다. 이 땅에 살면서 수확할 수 있는 것은 경건한 태도와 공동체를 위한 행동뿐이다(6. 30).

81. 이성적 생물(인간)에게 선은 공동체(코이노니아)다(5. 16).

82. 나뭇가지 하나가 옆 나뭇가지에서 떨어져 나가면 나무 전체에서도 떨어져 나가게 된다. 마침 인간도 한 사람의 인간에게 떨어져 나가면 공동체(코이노니아) 전체에서 이탈하게 된다. 그런데 나뭇가지는 다른 사람에 의해 (나뭇가지에서) 떨어져 나오지만, 인간은 이웃을 증오하고 등을 돌려 스스로 이웃사람에게서 떨어져 나온다. 하

지만 동시에 공동체에서도 떨어져 나오게 된다는 것을 모른다(11. 8).

83. 죽음이란 무엇인가. 죽음 그 자체만을 보고 이성적 분석을 통해 연상시키는 것들을 없애버리면, 비로소 죽음이 자연의 한 과정에 불과하다는 것을 알게 될 것이다. 자연의 한 과정을 두려워하는 사람이 있다면 그건 어린아이뿐이다(2. 12).

84. 그게 무엇이든 어떤 활동을 정해진 때에 그만두면 그만뒀다고 해도 아무런 해도 입지 않는다. 그만둔 사람도 그만뒀다고 해도 아무런 해도 입지 않는다(12. 23).

85. (정지할) 시기와 한계를 주는 것은 자연이다(12. 23).

86. 전체에 유익한 모든 것은 언제나 아름답고 시기적절하다. 생명이 정지한다는 것에 선택의 여지가 없다면, 이는 추하고 부끄러운 일이 아니므로 개개인에게도 해악이 아니며 전체에도 해악이 아니다. 외려 전체에 시기적절하게 이익을 가져다주는 것이라면 선이라고 할 수 있다(12. 13).

87. 누가 변화를 두려워하는가. 변화 없이 무슨 일이 생기겠는가. 무릇 우주 만물에 무엇이 바람직하겠는가. 나무가 장작으로 변화하지 않으면 네가 어떻게 목욕을 할 수 있겠는가. 먹는 게 변화하지 않으면 어떻게 영양을 섭취하겠는가. 그 외에 어떤 유익한 일을 해낼 수 있겠는가. 그렇다면 네가 변화하는 것 자체도 마찬가지다. 우주 만물에 필요한 것을 찾아보지 않을 텐가(7. 18).

88. 게다가 죽음은 자연의 한 과정일 뿐만 아니라, 자연에 이익이 되는 일이기도 하다(2. 12).

89. 전체의 일부가 변화함(죽음)으로써, 온 우주는 젊음과 활력을 유지할 수 있다(12. 23).

90. 모든 것이 변화하여 생기는 것을 끊임없이 관찰하며, 우주 만물이 현존하는 것을 변화시키고 그와 동일한 새로운 것을 만들어 내는 것만큼 바람직한 일도 없다고 생각하는 습관을 들여라(4. 36).

91. 죽음을 무시하지 말고 자연이 바라는 것의 하나로 받아들여라. 젊음이 지고 나이가 들 듯이, 성장하여 성숙해지듯이, 이가 나고 수염을 기르고 흰머리가 자라듯이, 씨를 받아 임신하고 출산하듯이 인생의 시절마다 찾아오는 자연의 과정 중 하나로 붕괴되는 것(죽음)도 있는 법이다(9. 3).

92. 활동, 충동, 판단의 정지는 말하자면 죽음이지만 죽음이 해악은 아니다. 이번에는 인생의 시절에 눈을 돌려라. 유년기와 소년기, 청년기, 노년기로. 이런 변화도 단계별로 보면 전부 죽음이다. 허나 그렇다고 해서 두려움을 느끼지 않을 것이다. 이번에는 할아버지 밑에서 지냈던 생활, 어머니 밑에서 지냈던 생활, 아버지 밑에서 지냈던 생활에 눈을 돌려라. 그때 겪은 수많은 소멸과 변화, 정지에 대해서 자신에게 물어라. '두렵지 않지?'라고. 그러하다면 너의 생활 전반에 일어날 정지, 휴지, 변화도 두려워할 필요가 없다(9. 21).

93. 인생의 남은 날이 날마다 줄어드는 것만을 고려해야 하는 것은 아니다. 이보다 더 오래 살 수 있다 해도 지금까지와 다름없이 사물을 이해하고 신들과 인간을 두루 살필 수 있을지 확실히 알 수 없다는 점도 고려해야 한다.

그도 그럴 것이 인간은 망령이 나도 숨 쉬고 영양을 섭취하고 상상

하고, 뭔가를 바라는, 그런 능력이 없어지는 것은 아니지만, 자신이
해야 할 의무를 헤아리고, 눈에 보이는 일들을 면밀하게 검토하는
능력, 언제 목숨을 끊어야 하는지 아는 능력, 나아가서는 이처럼 훈
련받은 사고가 더 크게 필요한 사안을 숙고하는 능력이 먼저 사라
지기 때문이다. 그래서 서두르지 않으면 안 된다. 시시각각 죽음이
다가와서가 아니라 사물을 통찰하고 이해하는 작용이 죽는 것보다
먼저 멈추기 때문이다(3. 1).

94. 죽음에 대해 조잡, 성급하고 오만한 태도를 취하지 말고 자연의 한
과정으로서 기다려라. 또 네 아내의 배 속에서 아기가 나오는 것을
기다리듯이, 너의 정신이 그 그릇(육체)에서 떨어져 나올 때를 맞이
하는 것이 사려있는 인간에게 어울리는 행동이다(9. 3).

95. 해야 할 일을 할 때, 추운지 더운지, 잠이 부족한지 충분히 잤는지,
남에게 좋은 말을 듣는지 나쁜 말을 듣는지, 죽어가는지 다른 무언
가를 하고 있는지로 태도에 차이를 두지 말라. 왜냐하면 우리가 죽
는 것도 인생의 한 과정이기 때문이다. 그래서 그날이 와도 눈앞에
주어진 일을 잘 처리하는 것으로 충분하다(6. 2).

96. 나는 나의 의무를 다한다. 다른 일에 주의를 빼앗기지 않는다(6.
22).

97. 영혼이 소멸되든 흩어지든 존속하든 육신에서 분리될 때, 그러기를
각오한 영혼은 얼마나 근사한가. 허나 그런 각오를 할 때는 자신의
판단이 우선되어야 한다(11. 3).

98. 에픽테토스는 말한다. "아이에게 키스를 할 때, '아마 너는 내일 죽
겠지' 하고 마음속으로 속삭여야 한다. 그것이 불길한 말이라고 생

각하는가?” 그는 아니라고 말한다. “불길한 말이 아니라, 자연의 한 과정을 의미할 뿐이다. 그렇지 않으면 보리를 베는 것도 불길한 것이 된다.”(11. 34)

99. 도움받는 것을 부끄러워하지 마라(7. 7).

지금이 생의 마지막이라면

1판 1쇄 발행 2023년 11월 17일

저 자 | 기시미 이치로
번 역 | 전경아
발 행 인 | 김길수
발 행 처 | ㈜영진닷컴
주 소 | ㈜08507 서울 금천구 가산디지털1로 128
STX-V타워 4층 401호
등 록 | 2007. 4. 27. 제16-4189호

©2023. ㈜영진닷컴

ISBN | 978-89-314-6963-9

Youngjin.com **Y.**
영진닷컴